お金の学校

装丁：吉岡秀典（セプテンバーカウボーイ）

もくじ

二〇二〇年九月二九日執筆開始

1

オリエンテーション

みなさん給料安すぎやしませんか？

昔と比べると物価上がっているのに、給料はどんどん下がっているような気がします。

僕がいのっちの電話を受けてても、10万円台の人が圧倒的に多い。しかし、その状態を普通だと思ってしまっているようにも感じます。みなさんの働き方大丈夫なんかなと思って心配になって、それをどうにかしたいなと僕は考えるようになったというわけです。

それでこれからお金の学校を始めてみることにします。

僕の場合からまず話すことにしましょう。僕はお金について誰から学んだのか？

もちろんみなさんと同じようにお金の先生はいませんでした。だから自分で学んだんです。躁鬱病も僕は自分で治しましたが、誰も治せる人がいないから自分で考えるしかないんです。お金に関してもそうでした。お金について学べる機会がありませんでしたからこれもまた自分で考えるしかなかったんです。

死にたい人からの電話（いのっちの電話）を毎日僕は受けてますので、みなさんの考え方が毎日ビシビシ伝わってくるのですが、ほとんどの人、いやすべての人と言ってもいいいんだと思うんですが、お金について幼い頃から学んでいるという人はいませんでした。

つまり、どうやってお金を稼げばいいのかわからない。そもそもお金というものが一体なんなのかということについてもわからない。何もかもわからないという人ばかりでした。だからこそ、**お金がなくなると不安になる。**これからどうやって稼いでいけばいいのか不安になる。そして、死にたい人でお金を持っている人はほとんどいませんでした。死にたい人はお金を持っていません。僕はそれを見ながら、これは人は死にたい、んじゃなくて、**お金がないだけ**なのではないかと考えるようになりました。

というわけで、お金の学校に入学したみなさんにお金について僕がこれまでの経験で得たことについて話していこうと思います。これは僕が本から得た知識ではありません。誰かから聞いた話でもありません。すべて僕が経験して得た知恵です。誰かからアドバイスを受けたこともほとんどありません。

そして、誰かからお金をもらって生きるという道は早々に諦めてました。なぜなら人の言うことを聞くことが無茶苦茶嫌いだったからです。もう本当に嫌いで、それくらいなら路上生活した方がマシだと思っていたくらいです。

ですので、僕は就職活動も一度もしたことがありません。やってたのはバイトですね。でも、どうにかして生き延びていかなくてはならなかったわけです。僕はそういうサバイバルが大好きなんですが……。

まあちょっとはじめてみましょう。


まず僕は二〇〇一年に大学を卒業します。つまり卒業してから今日で二〇年が経つわけですね。

卒業するまで僕はほとんど働いていません。バイトもほとんどしてません。なので、お金についてはほとんど何も知りませんでした。今になって僕がお金の話や仕事の話をすると「坂口さんは才能があるから」と言われますが、元々僕はなんの才能もありませんでした。人からは「どうやって食っていくの?」としか言われませんでした。「お前は才能があるから絶対大丈夫だ」なんて言ってくれる人は一人もいませんでした。これが事実です。

それが二〇年前くらいの大学を卒業したばかりの僕の身に起きていたことでした。でも、僕はあんまり気にしませんでした。僕は無知な人間ではありましたが、それでも生き抜く力というのか、ネズミやカラスみたいにどうやってでも生き延びるみたいな力があるのは自分でも知ってましたし、お金について何も知らなくても、知らないなら知ればいいし、自分で考えて独自の方法論を見つけたらいいと思ってもいました。それでもお金がなくて家賃が払えず不安になる日もありましたけどね。でも、そんな日はたまにで、多くの時間を、なんとかお金について学んで物知りになりたいと思いながら過ごしてました。

二〇代の時の僕はそんな感じでした。つまり、**お金を稼ぐということについては才能の問題ではありません。**むしろ人は才能の問題に逃げてしまう癖があります。あの人は才能があるからうまくいっている、自分は才能がないからうまくいってない。これは才能がない人ではなく、何にも知ろうとしない、成長しようとしない人の口癖と言った方がいいかもしれません。

それくらい厳しく行きましょう。

行動しないことを促すような言葉には厳しく接していきます。だって、一つ知れば一つ賢くなるんです。それを延々と何十年も続けたらどうなりますか。どんな人間でも人から才能があると言われちゃいますよ。それが才能です。

つまり、**才能とは継続すること**以外の意味はありません。継続すること。これは能力関係ないんです。唯一能力が関係なく、万人にできることでもあります。まずはそのように頭を柔らかくしておいてください。才能がないから自分は貧乏なんだ、なんてことはもう金輪際言わないように。気をつけてくださいね。

これから話すことは誰でもできます。

ただ知らないだけです。知ろうとすればいいだけですから知りましょう。知るべきです。

細かく僕のお金の流れについて話してみることにしましょう。

まずは今の話です。二〇年前には何も知らなかった僕が今どんな状況なのかというところからはじめてみましょう。僕は今、いのっちの電話という死にたい人がいつでもかけていいという電話サービスをやってます。電話をする人はもちろん無料です。誰からの寄付ももらってはいません。ただ僕が自腹で電話代を払いやり続けているわけです。

さて、僕は自分で「株式会社ことりえ」という会社をやっていまして、僕はその会社をはじめてから一〇年が経過しました。もちろんその間誰からもお金はもらっていません。の代表役員なのですが、その会社からいのっちの電話をしている僕に対していくら払っているでしょうか？

答えは100万円です。毎月100万円、会社から僕の個人口座に振り込んでます。会社には僕が他にやっている仕事で稼いだお金が全部入ってくるわけですが、そこからいのっちの電話をしている僕に対して給料を払っているわけです。

なので、みなさん「いのっちの電話を無料でやられて大丈夫ですか？」など深く心配してくださる方も時々いらっしゃるわけですが、何も心配しなくていいです。僕は月に100万円もらっているわけですから、満たされてます。あなたはどうですか？ 100万円もらっても満たされませんか？ 僕は十分です。

というか、実質、僕はお小遣いが5万円くらいで、ほとんど5万円で足りてます。もともと物欲がありませんし、僕は物欲のことを創作意欲が変形したものと理解しているのですが、つまり、物欲の前に、僕は作りたいという欲望の方が強く、セーターも編むし、織物も織るし、ガラスも吹くし、陶芸も自分で焼くし、絵も自分で描くし、本だって買わずに自分で書きます。

つまり、僕は欲しいと思ったら、その瞬間に作り出しているわけです。だから、お金が一切かかりません。いや逆ですね。欲しいと思ったら、もうすでに作っていて、作ったものは売るわけですから、そのままお金が増えちゃいます。

たとえば、最近ですと、僕はパステルで絵を描いているわけですが、あれは一枚15万円で売ってまして、僕の会社は五月締めなので、今年の六月から始まっているのですが、現在一五〇枚ほど売れてます。となると単純計算で2250万円となりますね。結構な金額です。それを六月、七月、八月と三ヶ月で牛み出しました。

これも元はこんな絵が欲しいとなったことから始まってます。絵が欲しい、そこで僕はすぐに絵を自分で描く、という方向に進むわけです。作ったものをどうやって売るかということに関してはまた後ほどお伝えすると思います。まずは**僕はお金が一切かからない**ということに注意しておいてください。

つまりもちろん僕は自分に100万円を払っていますが、別に何か買うわけでもありません。家は普通の3LDKのマンションですし、家賃は七〇平米で6万8000円です。僕は物件見つけるのが無茶苦茶うまいので、この値段で熊本市のど真ん中でしかも毎月しっかりクリーニングしているマンションはなかなか見つかりません。僕の仕事場は六畳一間で、ほとんどすべてをこの部屋から生み出してます。

贅沢は関心ありません。というか僕の最高の贅沢は、自分で畑を耕して、野菜を育てて、自分で料理して、そのまま食べるということです。これ以上の美味いものはありません。贅沢というものはズボラな目で見ると、お金を出して、何かを買う、かのように見えますが、実際は違います。わざわざやることが贅沢です。

僕の知り合いのお金持ちは馬鹿みたいにお金を使って島を買って、そこまで遠くシーカヤックを漕いで海を渡り、島にたどり着き、ほとんど何も施していない森の中に入り、ビーバーみたいな家を建てて時々夏休みを過ごしてます。わざわざやるんです。わざわざ。それが贅沢です。

シャンパンを飲みたいからとシャンパーニュ地方の土地を買って、最高の葡萄を無農薬で育てて、一本だけのシャンパンを作るんです。それが贅沢です。つまり、**贅沢も究極にいくと、なんでも自分で作る**、となります（笑）。

つまり、今、僕はガラスやセーター、ギターも全部自分で作っているんですが、これは僕なりの贅沢をしているというわけですね。贅沢がお金を浪費することだと思っている人は危険なので、早めに思考を転換しましょう。

というように、書けば書くほど、お金に関しては、書くことが広がって、講義もなかなかすすみません。でもどれも大事なことですので、全部伝えていきます。

お金は一直線の道で、その道さえ覚えたら、すべて問題なしというものではありません。どちらかというと僕たちが日々生きているこの現実の地形や生活に似ています。

僕たちはどんなところにでも歩いていけるじゃないですか。

誰も好きに歩かずに実は同じ道を通って、同じ会社に行って、同じことばかり考えてますけどね。でも実際はどこにでも行けます。どこまでもこの地平は続いてます。お金も同じような感じなんです。どんなやり方でもあります。どんな稼ぎ方もあります。稼ぐだけじゃなくて、お金にはいろんな顔があります。そんなふうに考えてみてください。
お金をみなさん毛嫌いしているところがあります。明晰な方でも、お金は疎くて、みたいな感じで敬遠してしまう人もいます。それではいつまでたってもお金との関係が良くなりません。

ここはお金の学校です。
まずはお金のことを大好きになってください。

お金は決して悪いものではありません。むしろ、人を助けるよいものである可能性があります。今のみなさんの環境、人生が大変なのは、お金が悪いからではありません。お金について何も知らずに、お金のことを嫌っているから、お金と離れているだけなんです。音楽の教室に通うように、このお金の学校にも通ってみてください。楽器のように愛してあげてください。お金だけ差別しないでください。僕たちが日々使う道具という視点に立てば、いつも横にいる相棒なのですから。

さてさて、話がまた脱線してしまいましたね。次へ行きましょう。

2

入学金について

今日も講義を進めていきたいんですが、ちょっとその前にお伝えしておかないといけないことがあります。実はオリエンテーションまでは聴講するのは無料なんですが、ここからは有料となっています。

お金の学校の入学金は10万円となってます。オリエンテーションには二〇〇〇人近くの方が参加されておりまして、今日の講義ももうすぐ三〇〇〇人に達しそうな勢いです。そうなると、3億円になっちゃいますね。いきなり結構な規模の大きな学校になってきました。でもですね、入学金は自己申告制です。しかも後払い、出世払いも可能。つまり、払いたい人だけ払って、払えない人は払わなきゃいいんです。何にも気にしなくていいです。思うままにやってください。

僕の学校では、禁止事項がありません。僕自身自分に対して、人に禁止することを禁止しています。好きじゃないんです禁止が。あれやってはいけないこれやってはいけない。こうしなくちゃいけない。みんなお金を払わなくちゃいけない。なんてことをやっていては遅くなるんですよ。

この「遅い」ということが問題です。僕はツイキャスとnoteで学校をやっているわけですが、それだと無料で誰でもアクセスできます。ネットで新聞記事読もうと思うと、ここから先は有料です、とかよく見るじゃないですか。あれでどうなるかというと、お金を払いたくない人は先を読まないんです。そして、そこから先の方が大事なことが多いじゃないですか。

間違ったやり方でお金を稼ごうとしている人は、そうやって課金制度を間に取り入れてしまうんですね。そうなると、どうなるか。はい、遅くなります。遅いともうだめなんですね。ここは頭に入れておいてください。**遅いとだめ。めんどくさいとだめ。**これはどうしてかというとお金というものが、モノではなくて「**流れ**」だからです。

心地よく流れ流れていくこと。それこそ川の流れのように。それが一番気持ちいいでしょ。だから気持ちよくないことはすべてだめなんです。たとえお金がそれで入ってきたとしても、どうせすぐにダメになります。そのうち有料で記事を読むなんてめんどくさいことはすべてなくなります。いつかはなくなるのに、今は過渡期だからいっか、今のうちに稼いどけ、みたいな流れも、気持ち悪いでしょ。ダメです。

気持ち悪いことは一切しないでください。さっそくお金の学校がはじまってますが、僕が伝えることは常にシンプルなはずです。心地いいこと、気持ちいいこと、サラサラ、血行が良い感じ。あの感覚で行きましょう。

僕を例に出して考えると、この学校は実はお金がかかります。10万円かかります。しかし、入学試験もありません（めんどくさいから）、そして、入学金を払わなくても通えます（めんどくさいから）。誰がめんどくさいのでしょうか。あなたがめんどくさい。そして、僕もめんどくさいんです。そして、お金を払わないと通えなくするためには、人が入ってくるところに関所が必要になります。そして、お金を払うこと自体にもシステムが必要になります。どちらもめんどくさいです。しかもお金がかかります。ナンセンスです。

だから僕はほっときます。すべてほっとくんです。気持ちいいことが好きですから。僕はセックスが好きですし、無料が大好きです。顔パスみたいなことも大好きです。シャンパンが好きです。どれも気持ちよくサラサラと流れていくからです。僕は血です、あなたも血です。気持ちよく流れたら、僕とあなたの血が作り上げている体が健康になります。そこでの体が社会です。共同体です。

ということで、気持ちいい流れを感じた人だけがお金を払えばいいということです。

後でリンクを貼っておきますから、気持ちいいなあと思った人はサラサラと入学金を払ってください。みなさんまだ頭でっかちだから、そんなに流れていないと思います。心地よさもまだわかっていないはずです。そんな人は払わなきゃいいんです。まずは気持ちよくなることに専念してください。

なぜ頭でっかちかわかりますか？

それは**一人で考えているから**です。お金のことについてこんなふうに学校に通って、先生わかりません！とか軽ーく質問したりしてきてないからです。つまりそこも流れていません。流れが大事です。心地よさが大事。心地よい流れ。泳ぎたくなる流れ。身体中を気持ちよくチューブスライダーしていく血液たち。まだあなたはその血管の中に入っていくのを恐れています。ま、慣れたらすぐ楽しくなるんですけどね。

楽しいことは早いです。遅い楽しみはありません。

楽しさは体に合うか合わないか瞬時にわかります。楽しかったら聞いてみてください。そのうち自然と入学金を払っていることでしょう。僕はお金が1円も入らなくても学校を続けるので、心配はいりません。なぜ続けるのか。それはここで校長先生として生きていることが楽しいからです。嬉しいからです。心地いいからです。だから必ずそこに流れが生じることを知っているんです。無闇にお金を人から巻き上げる必要はありません。どうせそのうちお金になります。それがお金の流れ、ではなく「**流れというお金**」です。

と話しながら、僕のネットショップの管理画面を開くと、現在五七人の方がすでに入学金を払ってくれてます。驚くべきことです。こんな冗談ではじめた学校の流れを感じている人がすでに五七人もいるんです。その五七人の方は特待生というべき人たちです（笑）。流れを即座に察知する能力にたけてます。素晴らしい。

そして、同時にこのお金の学校は現在５７０万円の資本を手に入れました。これも大変ありがたいことです。さらに、みんなに無料でどんどんなんでも提供する余裕が早速、この第二回目で生まれているからです。ここで確信するべきなのは、ここに流れがすでに、しかも心地よい流れが発生しているということです。

なんでも遅いといけません。もちろん、じんわりと味わう良さもありますが、それは一人で味わうことです。一人でやることはすべて遅く楽しみましょう。それ以外は早く。人との関係性では、すぐに合うか合わないかわかります。あの感じです。

きっとお金の学校はいい学校になるはずだと僕は今感じてます。

みなさん、お金のことにやはり興味があるんですね。不思議なことです。お金の話なんてほとんど誰ともしないのではないでしょうか。だからこそ好きなんですかね。何かと似てます。

僕の場合で言いますと、いのっちの電話、つまり、死にたいということもまた誰とも話をしません。しかし、僕のところにはたくさん電話がかかってきます。誰とも話をしないこと、それこそを話さなくてはいけないんだと思います。それが僕がいつも念頭に置いていることです。

そういえばセックスの話もまたほとんどしませんし、人に自分がセックスしているところを見せたりもなかなかしませんよね。僕はセックスをどうやっているのかという話をするのも無茶苦茶好きで、そのことについても実は本を一冊書きたいくらいなんですが、それはまた今度にしましょう。お金の学校の次は、セックスの学校を開こうと思ってます。

なんで死にたい、セックス、お金、のことは人と話さないんでしょうか。

これも単純です。人に死にたいと言うと、なんか暗い奴と思われるから。セックスのことを話すと、本能剥き出しのしょうもないエロい奴と思われるから。お金のことを話すと、卑しい奴と思われるからです。

共通するのは、人からどう見られるか、ということです。

人から悪く思われたくない、と感じるのは、人間の本能です。もともとは防衛本能でした。野良猫は音がした瞬間に即座に逃げます。だからいつも周りからどう見られているかを常に窺ってます。人間界は馬鹿みたいに平和になりました。平和ボケして殺気も失ってしまってます。しかし、本能は消えません。

そんなわけで平和な馬鹿みたいな世界で、防衛本能だけが使われることなくただ残ってしまって、今では人からどう見られているかという感覚になってしまっています。人から襲われやしないか、という大事な本能が、今では「人から変に思われていないか」というどうでもいいことに使われているというわけです。

これを防衛本能と捉えると、どうしたらいいかがすぐにわかります。

人から変に思われた方がいいんです。人からどうしようもない奴だと思われた方がいいんです。なぜなら人はそんな人たちを馬鹿にするからです。油断するからです。

わかりますか？　ちゃんとした人間、威厳のある人間、セックスなどまったくしない清廉潔白な人間、お金のことなど何も気にしない無敵の人間、などと思わせてどうするんですか？　周りからすごいやつと思われて、どうするんですか。馬鹿じゃないですか。

まずは相手に油断させること。これが生き延びる鉄則です。

どんどん話をしましょう。そして、隙を見せつけましょう。もちろん、隙だらけでは倒されてしまいますので、これはフリってことですよ。わざわざ僕が、死にたいことについて、セックスについて、お金について、よくおしゃべりしまくる理由がわかってきましたか？　そうです。油断させるためです。

でも急所をついて殺そうと思っているわけではありません。油断すると、あんまり考え込みすぎないようになるんです。そうすると、僕が伝えようとしていることがうまく伝わっていくんですね。ペンは剣よりも強いんです。僕がお金の学校をやっている、ということの行為自体がみんなを油断させて、頭を柔らかくするという効能があるんです。たぶん、ですけどね。

ということで、今日は入学金払いなさいというお話でした。また明日！

——今日のお金の学校資金：570万円

3
まずは企画書を書く

10万円の入学金のことをお伝えしましたが、現況をお伝えしますね。

昨日の入学金説明会にいらっしゃった方は全部で七二六二人でした（二〇二〇年一〇月一日調べ）。ということは一人入学金が10万円ですから、**7億2620万円**になります。結構とんでもない数字ですが、お金の学校っていうものはこの世にほとんどありませんから、うなずける数字でもあるかもしれません。

いいですか、これは実際に僕が受け取った金額ではありませんよ。だって、あなたはお金を払ってないでしょ？　でもいいんです。

大事なことはイメージです。これは今後もずっと言い続けると思うので、頭に入れておいてください。実際にお金を手にすることよりも大事なことがこのイメージです。

僕は、お金の学校がないから、みんながお金に困る、仕事の選び方を間違ったりするといのっちの電話をしている中で感じてきた。はっきり言って、死にたい理由のすべてがお金がないからではないかとすら思うようになった。

しかし、誰もお金のことは教えてくれない。学校でももちろん、親からもお金のことは教えてもらえない。僕もそうでしたからよくわかります。だからこそ、お金の学校が必要なんだと思った。ここまでは現状観察・そして企画立案になります。

僕はことあるたびに「**企画書を書け**」と伝えてきました。

これはもともと躁鬱病だった僕の（現在は寛解どころか完治し、病院も薬も完全に卒業しました）症状が出たときの対策法として編み出しました。躁状態になると、アイデアが溢れます。なんかどでかいことができるような気がするので、なんでも立ち上げようと思ってしまいます。

でも、それを実際にやっちゃうと疲れちゃって鬱になるんですね。そうなるとやる気がなくなる。そんなわけで実際に立ち上げたら大変なことになってたんです。だからといってそのアイデア自体を否定するのもかわいそうだし、それには何かの可能性があると思った僕は、躁状態の時に閃いたら、企画書を細かく徹底して書いてみるというアイデアを思いつきます。

たとえば、僕はあるとき、ピロートークを女の子にしてあげるというマッサージサービスを思いつきました。これは女性用の風俗店のイメージです。触らないで、添い寝してピロートークだけをして女の子を気持ちよくさせるというお店です。躁状態の時は「こりゃ絶対に金儲けできる、しかも、社会にとっても必要とされているサービスだ」なんて考えて、盛り上がっちゃいます。すぐに物件を借りに行こうとします。しかし、壁には「起業禁止、企画書書いてね」と落ち着いていた僕からの未来へのメッセージが貼ってありますので、もちろん起業はしません。そうではなく企画書を書きはじめました。

店名「パブリックピロー」(公共まくら)

まずは店名がぴーんときました。これはとても大事なことです。

僕にも名前があります。あなたにも名前があります。生まれた直後に名づけられます。この名前が本当に大事なんですね。たとえ企画書だけで終わらせるとわかっていても、です。まずは名前が大事。パブリックピロー。いいじゃないですか。いい名前がつけられた企画は必ずうまくいきます。

店舗はどうしましょうか。

感じがいいヴィンテージマンションがいいなあと僕は思いました。僕は熊本に住んでいるのですが、家の近くに江津湖《えづこ》という湧き水が湧いてる湖がありまして、その湖畔に昔から気になっているヴィンテージマンション、ま、つまりは古いマンションがあって僕はそのマンションをいつか借りたいなと思っていたんです。

そこでその物件のことを調べます。企画書ですが、そこまでやるのです。まず住所がわかっていれば法務局に行くことで、地番を調べて、土地の所有者を調べることもできます。僕はマンション名で検索しました。すると、そのマンションを受け持っている不動産屋の名前が出てきます。マンションは分譲だったようですが、それぞれの持ち主が個別に不動産屋に頼んで賃貸をしているようです。僕は屋上の広いルーフバルコニーがある八〇平米の部屋が気になっていたのですが、そこは持ち主が建築家だったらしく、自ら改装してなんかいい感じになってました。家賃は月18万円と熊本にしてはかなり割高です。

僕は不動産屋さんからそんな話を聞きながら、もう本当に借りる人のようなそぶりで話をして、事務所として使いたい、そして、そこには取引している業者が時々、やってくる、みたいな細かい説明もしておきました。

すると、すぐに図面をＦＡＸで送ってくれます。礼金はなく、敷金は三ヶ月分ということでした。すると、前家賃と不動産屋に払う手数料で五ヶ月分、全部で90万円必要だということがわかりました。内装は完璧っぽいです。ホテルみたいな感じだったので、そのまま使えるでしょう。

いいと判断した僕は内見させてもらうことにしました。企画書を書くためならなんでもします。内見して、メジャーを持っていって、細かく寸法を調べました。光のあたり具合、どこにピロートークをするベッドを置くか。やはり、大きなリビングルームにベッドをドドーンと置くことにしました。いい感じです。

不動産屋にしろなんにしろ、格好さえ綺麗にしておけば、年齢が若くても、ITかなんかで一山当てた金持ちかもと思ってくれますので、適当にお洒落っぽい感じにしておきましょう。本当の金持ちは意外と服とかダサくて汚かったりしますが、僕たちは金持ちではありませんので、清潔に適度にお洒落に、がポイントです。

そこまで調べたら、もう不動産屋さんとの付き合いはおしまいです。

電話を折り返す必要もありません。向こうが気になって電話してきてくれますから、その時「他にいい物件が見つかった、でも次支店を出すつもりなので、またいい物件を見つけたら、すぐに電話してくれ」と一言言っといてください。他の企画書書くネタになります。

店名、図面が仕上がりました。かなり本格的です。何よりも重要なのが、本物の物件をもとに考えるってことです。ちゃんと実測するってことです。これが本気度を高めてくれます。何よりも楽しいです。

僕は、ピロートークを江津湖の湖畔の八〇平米のもともと建築家の自邸だった洒落たヴィンテージマンションでやることに決めました。必要なものはベッドと洒落た小物、照明はフランスのセルジュ・ムーユ、家具はデンマークのハンス・ウェグナーがデザインしたものを揃えることにしました。これもネットショップでいくらするかを調べて、計算に入れます。調度品は100万円を上限に中古のサイトを見ながら揃えました。

とにかく真剣に企画書を作るのです。

初期費用が、90万円と100万円。あとは僕のお得意の自分なりの広告で大丈夫でしょう。受付に一人女性をつけようと思います。これで少し安心してくれるかもしれません。一人六〇分から始めようと思います。六〇分1万円でいきましょう。九〇分コースは僕が作った食事付きで2万円でいきましょう。

一二〇分コースになると、お風呂にも一緒に入れるようにしようかな。3万円で。もちろん、一切触りません。触ってしまっては風営法に引っかかるので、触らずに恋人とセックスした後にゆっくり話をする、みたいな感覚で時間を過ごせたら楽しそうですね。僕も楽しそうです。触りたくなったら、どうするか、お互いが触りたければ触ればいいんです。同意であれば、風営法とは関係ないでしょう。ま、そこは潜りで。

これだったら、一日に八人くらいできそうだなと思いました。宣伝は大得意ですので、きっとニーズはあるはずです。誰もやってませんから。しかもうちの部屋はお洒落で心地良くているだけでマッサージ効果があるはずです。1万円でそんな心地いい感覚が楽しめるならアリでしょう。つまり、一日少なくても8万円です。

営業は朝九時から午後五時までにしておきましょう。僕も家庭がありますから、夜は家族と過ごしましょう。昼間だけのピロートーク。なんか現実離れしてて楽しそうです。休みは週に一回、なので二六日間働きたいです。というか、その場所にいるだけで心地良さそうだし、僕は人と話すだけで幸せになるので、うってつけの仕事です。

8万円 × 26日間 = 208万円

月収208万円です。年収だと2496万円です。なんかすごく魅力的なお店です。

今すぐ立ち上げた方が良さそうです。というわけで、その企画書を持って、僕は妻のところに向かい、提出します。妻は呆れつつ、でも企画書書いて偉いね、立ち上げなくて偉いね、でも、何この店！と怒られました。凡人にはなかなか伝わりません。でもいいんです。企画書さえ書いておけば、イメージさえしておけば。パブリックピローは永遠に不滅なのです。

という感じで、みなさんもどんどん企画書書いてみたらいいですよ。簡単でしょ。かつ面白いですし、イメージの訓練になります。

そして、実は**お金の学校もこの企画書の一つ**なんです。イメージなんです。

でも、この企画書をいつもだったら、非公開でやるのですが、今回は全公開してみんなと一緒に進めてみたらどうなるか実験なんです。別に学校法人作るわけではありません。見立てとしては、学校作りですが、これは物語です。

はい、つまり、これは書きものです。僕は作家です。はい、これは実はいつも通りの作家の仕事中です。でも実は起業しているのです。起業禁止の我が家の法の網目をかいくぐって、何かをしでかそうとしているのです。

というわけで、現在七二六二人の受講生がいます。これは実際にいます。みんな読んですから。チェックしてますから。だからお金を払わないといけません。でも払わなくてもいいんです。企画書段階ですから。でも僕のイメージは半端ないです。イメージが現実を凌駕していきます。今、僕は7億2620万円を手にしているのです。

僕はまっさらなノートを一冊手にしてます。

そこに坂口恭平銀行と書き込みます。これがイメージするときの三種の神器のうちの一つ、「手作り通帳」です。表紙を開いてみてください。左に日付が書かれてます、真ん中にお金の学校入学金、と書かれてます、一番右に726,200,000と書かれてます。まずはここから僕は始めるのです。僕の頭の中では7億以上入ってます。しかし、これは実は「円」ではありません。お金の単位は「円」ではなくて「**サカグチ**」にしておきます。あなたが佐々木さんなら「ササキ」です。溜渕さんなら「タマリブチ」です。なんでもいいんです。あなたの名字にしたら親近感湧くのでやってみてください。

ここで大事なのは、それで実際、通貨「サカグチ」はどれくらいの価値を持っているかってことです。では、今度はお金の学校入学金を販売しているBASEというサイトの僕のネットショップのダッシュボードを見てみましょう。

現在、お金の学校入学金は在庫39となってます。もともと在庫100から始めてみました。実際にもう六一名の方が、購入ボタンを押してくれてます。一人10万円ですから単純計算すると、610万円です。昨日は570万円でしたから、さらに四名の方が入学金を納めてくれたようです。ありがとうございます。というわけで、今度は726,200,000の横に「サカグチ」と、さらに、下の段に6,100,000円と書き込んでみてください。

［坂口恭平銀行通帳］

2020/10/01　お金の学校入学金　726,200,000サカグチ
6,100,000円

こんな感じです。すると、レートが出てきますよね。割りますと、119になりますので、

1円＝119サカグチってことです。今日の為替をチェックすると、

1＄＝105円ですから、

1$＝105円＝12,495サカグチ

本日のレートはこのようになります。意味わかりますか？

意味はわかりませんよね。別に両替できるわけじゃないし。でも、**これがイメージです**。もう流れが発生していることは理解できますよね。勘違いしているとはいえ、企画書段階であるにもかかわらず、もうすでに六一名の洒落た方は10万円振り込んでいるんです。何か心地よいことが始まっていることの合図です。

楽しいですか？　僕は楽しいです。だって、いつも何かが始まる前はワクワクするじゃないですか。しかも、パブリックピローは、内容もあって、実現には至りませんでしたが、このお金の学校は、いつも僕が働いているようにして、つまり、ただ文字を書くだけで、誰にも会わずに、生徒から質問も受けずに、運営することができるからです。

しかも、これは書きものです。企画書のふりをした、本でもあるんです。だから、このお金の学校はのちにまとめられて本になります。僕としては版元「坂口恭平」(KyoheiSakaguchi) を蔦屋重三郎みたいに立ち上げて、『お金の学校』という新著を自前で発行しようと思ってます。

それなら家族からも文句を言われないはずです。しかもおそらく印刷費は100万円くらいだと思うのですが、もうすでに610万円入ってきてます。

さらに現実味を整えたいですよね。そうなると、次に必要なのが「**右腕**」という存在です。

明日は右腕についてお話ししましょう。それでは今日はこのくらいで。みなさん楽しい一日をお過ごしください。あ、あとみなさんも手作り通帳作ってみてください～。

——現在のお金の学校資金：610万円

4

お金とは時間である

ここはお金の学校です。

お金についての研究の場です。と言っても、ただ研究するだけでは研究はできません。研究のためには実験が必要です。お金の実験ですから、つまり、お金を手にする実践をするということです。

多くの人が、この「どうやってお金を手にするのか」ということを一切教わっていません。これってとんでもないことだと思いませんか？　教わってないんですから、**ほとんどの人がどうやってお金を手にするのかを知らない**わけです。みんなが考えているのは、会社に行けば給料がもらえる、ということだけです。自分で会社をやってもお金を手にすることはできるわけですが、なぜかそのことに関しては絶対に誰も教えません。

学校でもどうやったらいい会社に入れるのか、ということしか言わないんです。しかも、どうやったら、の答えは、いい大学に入れば、の一点張りです。これはもはやトンデモの世界です。みなさん、このような言葉を聞いたら、いますぐにその学校をやめましょう。そんなところにいても、絶対にお金は手に入りません。なぜなら、そう教える先生たちが、どうやってお金が手に入るのかを知らないからです。だめ、ゼッタイ、ですよ。

どうやったらサッカーボールをうまく蹴ることができるのか。そんなことをサッカーをやったことがない人には聞かないでしょう。単純なことです。

しかし、今の世の中は、お金に関してだけは、お金がどうやったら手に入るのか、という実は生きていく上で一番大事なことを、お金を手に入れることにまったくの素人である高校の先生たちが教えちゃってます。

しかも、聞こえてくる言葉は、いい大学に入って、いい会社に入れ、の一点張り。違うことを言う人はいません。しかも、先生だけでなく、あなたたちの親もまた、同じようなことを言います。そして、みんな会社に行っているのです。なんか変だなと思いますよね。そうです。無茶苦茶変です。もはや狂気の沙汰と言っても過言ではありません。

というわけで繰り返し言うわけですけど「**経験していない人からは絶対に教わらない**」こと。

これだけは徹底してくださいね。

あなたの学校の先生からお金に関して教えてもらえるのは唯一「あなたの給料はいく

らですか?」ということだけです。ぜひ聞いてみてください。絶対に言わないと思います。言わないのはなぜかというと、給料が安いからです。安いだけではありません。安いことに不満を感じているからです。

ほとんどの人間はうまくいっていないことは口にしません。黙っていたら、うまくいっていないんだと判断すればたいてい当たってます。つまり、僕が今、お金の学校をやっているということは、自分が納得できるくらいにはうまくいっているということです。

今日は「右腕」について話をするなんてことを前回言いましたけど、その話ができるのかどうかはわかりません。でもまた今日も実例からはじめてみましょう。これもまた僕が作った会社の話です。包み隠さず話してみたいと思います。

＊

僕は「**畑部**」という会社をやってます。

畑部の社長をやってますが、社員からは社長ではなく、部長と呼ばれてます。社員は全部で八名の小さな会社です。しかも、驚かないで欲しいのですが、**売上は毎年０円**です。そんなものが会社なのかと、笑われるかもしれません。どうぞ笑ってください。僕も笑ってしまうくらいの変な会社ですから。

売上は0円ですが、社員は誰も怒ったりしません。

ただのいい人なのでしょうか。そうかもしれません。僕も怒らないですし、社員も怒りません。暗くなったりすることもありませんし、みんないつも笑ってます。でも実際はどうなんだろう。僕にはわからないところもあります。なぜなら我々は一度も顔を合わせたことがないからです。

どういうことかと言うと、我々の連絡手段はすべて電話でして、面接も電話、仕事の報告も電話、会議はありません。売上は0円ですから、僕が一人ずつ手渡しで給料をあげるなんてことも必要ありません。そんなわけで、我々は会う必要がないんです。でも電話では無茶苦茶仲良しです。でも僕はどこに住んでいるかすら知りません。だいたいの県とか市の名前とかはもちろん知ってますよ。でもそれ以上は知る必要がないんです。

これ以上話しても混乱するでしょうから、畑部の事業内容について説明しておきましょう。

畑部という名前が示しているように、畑部は主に畑で仕事をしてます。

九州の熊本に本店があり、沖縄、広島、高知、鳥取、新潟、千葉、岩手、北海道にそれぞれ支店があります。厳密に言うと、会社の建物はありません。それぞれに畑があるだけです。

本店の畑は三〇平米です。無茶苦茶小さいです。支店もそれぞれ三〇平米。それぞれの支店に社員が一名ずついます。僕も含めて、それぞれに畑をやってます。

はっきり言いますと、事業内容はこれで終わりです。畑で何を育てるかは問いません。食べたいものを育てるように、と僕は社員に伝えてます。

僕は現在、きゅうり、じゃがいも、ルッコラ、ブロッコリー、イタリアンパセリ、大葉、大根、ピーマン、九条ネギ、白ナス、ササゲ（小豆に似た豆）、ベニオクラ、サンチュ、レタス、リーフレタス、キャベツ、芽キャベツ、グリーンボール（キャベツの別種）、白菜、ニンニク、にんじん、ほうれん草、小葱の全二三種類の野菜を育ててます。結構すごいでしょ？

でもそれぞれ一株、二株くらいなので、我が家が食べる分くらいです。だからほとんど誰にも分けてません。売っていません。

それぞれの社員も思い思いに作ってます。僕はルールを決めるのが嫌いなので、何にも決めてません。監視するのも嫌いなので、就業時間もそれぞれ好きなようにやって〜

と伝えてます。おかげでクレームもありませんし、会社をやめる人もいません。休みたいときに休むようにと、むしろ、それは強く言ってます。

野菜ってすぐにわかるんですよ、人間の心が。

だから、売るために作ったりすると、あんまり美味しくできません。ちょっと野菜がいたずらするんですよ。だからうちの会社では野菜は売らないと決めたんです。たいした決断です。だって売上が0円ですから。でも、誰一人給料を求めてこないので、やっていけるんです。

ここでまず重要なことは**売上が0円の会社もある**、ということです。

それを頭に入れておいてください。あの大企業なんか今年の三月期に発表した数字によると、1兆3646億円の赤字ですから。売上0円だからって気にすることはありません。ソフトバンクよりもずいぶんマシです。むしろ優良企業と言ってもいいかもしれません。

実のところお話ししますけど、借金をしていない企業を探す方が大変なんです。それに比べて畑部は売上もありませんが、借金も同じ0円です。潰れようがありません。よって、永遠に運営することができる超優良企業なんです。

しかし、社員だって食べていかなくてはいけません。

しかも社員全員がもともとは僕がやっているいのっちの電話にかけてきた人なんです。つまり、元・死にたい人です。みんなお金がなく、仕事もうまくいかず、友達もおらず、両親にも見捨てられて、もうどうやって生きていけばいいのかわからなくなって、僕のところに電話をかけてきた人です。

ちなみに、いのっちの電話も、売上0円の僕の会社です。こちらは年間10万円ほどの赤字を出してます。一〇年やってますからもう100万円赤字が重なってます。

売上0円なのにそれでも潰れないのは、親会社である株式会社ことりえ、これもまた僕がやっている会社なのですが、そこから毎月100万円のお給料を、いのっちの電話という会社からではなく、ことりえが肩代わりして払ってくれているからです。いのっちの電話の社員は僕一人ですので、そのお給料から、赤字分を補填しているというわけなんです。

ちょっとややこしくてすみません。わからないところはすっ飛ばしてください。別に問題はないです。わからないところを知ろうとしなくていいです。何度も言うように気持ちよくないでしょ。わからないところを必死で知ろうとしても無駄です。わかるところを伸ばしてください。そのうち僕が言っていることは何一つ難しくないんだとわかってくるはずです。楽しいことだけをしてくださいね。そうしないとお金はすぐどこかに逃げていってしまいます。

で、畑部に戻ると、給料はどうするんだよ社長、ってことですよね。

しかし、売上0円ですからないものは出せません。でもそれだとひどい会社になりますし、違法と言われるかもしれません。というわけで、登記上は会社ということにしてません。申請してないってことです。

申請しなくても会社は作れます。もちろん儲けているのに、申告しなかったら脱税で捕まります。でも畑部は売上0円だから、まったく問題ありません。税務署も僕のことは無視してます。金が無いところには一切興味がないからです。国家というものは税金搾取だけが仕事です。だから1円でも稼いだらすぐに目をつけられます。しかし売上0円であるかぎり、どんなに目立っても無視されてしまいます。なんか薄情な感じですよね。でも、それでいいんです。

社員全員には、泣きっ面で役所に行ってきて、と伝えてます。

そうすると、役所は色々調べます。貯金があるのではないか、とか、車を持っているんじゃないか、とか、実家に帰ったら養育してもらえるんじゃないか、とか。

しかし、彼らには本当に何にもないんです。それぞれに実家はあるんです。でも実家の両親とは仲が良くないので、僕は「親に養育拒否をすると言ってもらったらいいよ」と教えました。こちらも給料を払えないわけですから必死です。そこで編み出した方法がこれなんです。

どうしようもない両親たちのところに戻ると、病状が悪化し、また死にたくなるので、僕が彼らの両親全員に電話をして「そのどうしようもない、息子、娘の養育なんかしなきゃいいんですよ。養育拒否をするという選択肢がありますよ」と教えてあげたんですね。すると、彼らもどうしようもない息子、娘と思ってますから、彼らに金を使わないでいいと思うと、みんな喜んで「坂口さんの言う通りに養育拒否しますよ、いひひ」だなんて言うわけです。薄情な奴らですが、ま、いいでしょう。気にせず突き進みましょう。

そういう状態で、社員たちは役所に行きます。彼らは何も持ってません。役人はすぐに両親に電話をします。養育しろ、と言うわけですね。すると両親たちは皆口を揃えて「そんなどうしようもない息子、娘は養育しません」と啖呵を切るわけですよ。役人はそれ以上は何にもできません。というわけで、無事に生活保護を受け取ることができるわけです。

幸い社員は皆、家族という形態が嫌いな人ばかりで、誰も子供はいません。離婚で苦しめられたという経験も持っている社員ばかりなので、彼氏彼女ができても、いずれは飽きるか飽きられるかして別れる、他に好きな人ができる、ということを承知しているため、みんなパートナーはそれぞれにいるんですが、結婚などしようというとんでもないことを考える社員は一人もいません。そんなわけで現在だと毎月13万円が自動的に振り込まれるようになりました。

これで僕はほっとしました。

給料は払えないし、払う必要もなくなりましたから。さらに売上0円でいようと心を決めたわけです。社員からも「給料をもらうと、生活保護がカットされるので、要りません」と強く念を押されてます。僕に一言も忠告したり、怒ったりしない、素敵な社員ばかりです。

畑部という会社には目的があります。

会社に必要なのは、お金ではなく、この**目的**なんですね。理念といいますか、理想といいますか、目的といっても自分たちの利益のための目的ではないですよ。しかも、ただ税金を搾取するだけの国家のような「社会のために」というウソくさい目的でもありません。

そうではなく、我々、畑部の目的は「**一体、人間には、どれくらいの土が必要なのか**」ということを研究することなんです。

だからこの土でいくら稼ぐかってことでもない、畑部の資本を増やすということでももちろんございません。むしろ資本はゼロで、この土さんと付き合っていくことはできないものかということを研究しているわけです。

資本主義なんてもう古いっていうか、ダサい。給料制ダサい。そもそもお金なんかいらんやろ馬鹿野郎。そんな気概のある社員ばかりですから、彼らはまず家賃を払っていません。畑は耕作放棄地を0円で使わせてもらってます。

そんな土地がこの日本にはバカみたいにあるんです。東京だけにはないんですが、いや実は東京もはずれにはあるんですが、都心にはありませんので、土地の値段をつけるんですね。みんな求めているってことになってますから。土を研究する人間には必要のない都市です。東京なんかにいたら生きていけませんから。

でも本当は土地に値段がついてないようなところが日本にはたくさんあるんですね。うちの社員はそれぞれそういった場所を見つけて、と言いますか、僕がよく知っているので、いのっちの電話にかけてきて死にたいと言ってきた彼らにヒントを教えました。

それでもみんな家は借りたいと思うんじゃないかと考えてましたけど、予想外だったのは、誰一人家を借りなかったことです。

代わりに彼らはみんな自分で家を建ててました。僕は3万円でお釣りが来て誰でも建てられる家の研究をしてまして、大学でもその研究をしてましたし、その本も書いたんですけど(『モバイルハウス：三万円で家をつくる』集英社)、彼らはその本を熱心に読んで、それぞれ3万円で家を建てたんですね。

その3万円はさすがに支給してあげようと思ったんですけど、彼らは耕作放棄地の周辺のおばあちゃんおじいちゃんたちの肩たたきをして、それぞれ稼いだんです。これには僕も涙しましたよ。だって彼らはもともと死にたいと思ってた人だったんですよ。仕事もうまくいかず無職で、実家では親に文句を言われ、友達もいなかったんです。全員が。それがですよ、畑部に入社してからというもの、しっかり生活保護はもらうわ、自力で3万円ずつ稼いで家を建てるわ、なんだかすごい勢いで僕がこれまで研究してきた生き延びる技術を吸収してですね、今や僕よりも生き延びる力を持ってます。頼もしいです。

三〇平米の畑と、3万円で建てた家、畑には共同水道がありますから飲み水は問題ありません。肩たたきしてたら周りの農家たちが水道代も払ってくれてるんです。さすがは肩たたきです。住所がないと生活保護がもらえません が、畑の土地で住民票は取れますし、実際にそこに家を建てて暮らしているわけです。**家賃は0円です。**

しかも、彼らはみんな自分の畑の野菜が好きすぎて、自分のところの「お金と関係のない野菜」が美味しいと気づいたんですね。だから、そこでの野菜しか食べてません。米は作ってないからほとんど食べてなかったのですが、最近は、近くの農家から「コメ作ったけ、食べー」とか言われて、どっさりもらってるそうです。

最近では田植えも手伝っているみたいで、しかも賃金を受け取らないもんで、それは生活保護が受けられなくなるから当然なんですが、それが農家に気に入られる理由になっており、今では米は我が社全員に回せるくらい余っている状態で、その社員は子供たちがいつでも腹一杯ご飯を食べれる会社も立ち上げてます。もちろんそちらも売上0円です。というわけで**食費も0円です。**

うんちはバケツにためて一ヶ月熟成し、おしっこは牛乳パックにためて一週間熟成すれば肥料になるので、トイレをつくる必要すらありません。僕もここまで行くかとは思っていませんでしたが、実際、彼らは**生活費を0円でやっている**のです。

そんなことできるわけないと思われる人もいると思いますが、我が社のモットーは

「食べれない時は食べなければいい」です。

社員一同「飢え死上等」で生きてます。そんなふうに生きてたら、ま、三日くらい食べれない時もあるけど、ま、いっかみたいな感じになるんですよね。

逆に面白いというか、それが仕事でもありますので、みんなそれぞれ手記を残してますから、作品になるっていうか、とにかく彼らのサバイバル能力はとんでもなく高まってます。そして「どれくらいの土があれば人間が生きていけるのか」という結論が、大幅の予想を塗り替えて、三〇平米の小さな畑さえあればなんとかなっちゃうということになったんです。

というわけで、社長である僕も今年の四月から三〇平米の畑をはじめたんです。なんと、なんとですよね。僕は社長であるにもかかわらず畑をやってなかったんです。ま、僕は司令塔みたいにして動くのが得意だと思ってましたから。でも実際に畑をやりはじめてわかったのは、そんな僕でもできちゃうってことでした。びっくりです。

一番古株のミツマサくんは、僕のいのっちの電話にかけてきたのが八年前です。もう今年で九年目になるんですね。すごいなあ。ミツマサくんは今でももちろん生きてます。たぶんこの文章を読んでいる誰よりも生きているような気がします。

今やなんでも自分で作れます。竹籠とかも編めるんです。料理も一流です。しかも全部自分で作った野菜を使って、一流の味を、炊き出しして、腹が減った子供や人人に食べさせてあげてる心優しい子です。電話してきたのが二五歳でした。生活費0円をもう八年も続けてるってことです。

生活保護でもらったお金でも口座に入れちゃうと、貯金とみなされるので、使ってないとたまりすぎて、生活保護がもらえなくなってしまいます。そこで僕は、社員たちの給料をすべて預かって、それぞれに積立してあげてるんですね。もちろんこれは全部、口座に預けているのではなく、僕の親友が熊本で倉庫業、金庫業をやっているのですが、そちらに現金をそのまま預けさせてもらってます。ミツマサくんは、

13万円 × 12ヶ月 × 8年 = 12,480,000円

なんともう1248万円になってます。他の社員も彼に続いて続々と1000万円プレイヤーになってます。

しかも、生活は今と変えたくないわけです。我が社のモットーの二つ目が「**生活水準は下げろ。自分の水準を上げろ**」なんです。

お金が増えると、下手な人はすぐ生活水準を上げたくなっちゃいます。家賃5万円の安いアパートに住んでた人が、少し給料が数十万円になっただけですぐ二桁の家賃のところに住みたくなります。しかし、そうやって生活水準を上げてしまうと、いいアパートに住んで、ボロい車に乗るわけにはいきませんから、なんにせよ、人は近くにいる人と比べてちょっといい感じにしたくなるようにできているので、いい服を買い、靴も新調し、家も広くなったら、家具がふえ、電子レンジを新しく買い換えて大容量の使わないものを買ったりします。

人間はバカです。

ここは忘れないようにしておきましょう。なぜなら、そうやって生活水準を上げても、そこは価値基準が一つだけで、つまり、お金だけなんですね。だから、上には上がいるんです。

そうすると、10万円台の家賃に上げちゃった人は次に20万円のマンション、もしくは分譲マンションを買っちゃうんですね。ほんとバカです。そうすると、管理費とか、わけのわからないお金、でも、いいんです。お金を持っている人は経費になりますから、そういう一桁台の1万円札をポンポン使っても平気なんですが、その世界に負けていると、人間はバカで常に争うようにできてますので、あいつより金がないとかっこ悪いみたいな感じで、結局どんどんお金を使っちゃうんです。

1000万円くらい年収があるサラリーマンのほとんどがうまく貯蓄できていないのは、そういう理由にあります。みんなに合わせてお金を使っちゃうんですね。

大事なことは「**経費としてお金を使った方が納税的に得である人に合わせてはいけない**」ということです。

そっちの世界に入っちゃうと、なかなか生活水準を落とすことができなくなります。結局お金はたまりません。

なぜお金をためる必要があるかというと、土がないからなんです。

土があれば、うちの会社の右腕であるミツマリくんみたいに、まずお金がかかりません。彼は我が社のモットーにのっとって、とことん自分の水準を上げてます。上げまくってます。今では生活費0円なのに、自分で全部作れますし、作るもの一つ一つが高水準なので、つまり、一点ものの手編みのセーターみたいなものがもう高級ブランド顔負けなんですよね。もちろんそれは八年というミツマサくんが積み上げてきた時間が物を言っているわけですが、何よりも**彼はすでにお金が必要な世界を通り抜けて行っているわけ**です。

でも、もしも何かあった時のために、その時に働かなくていいように、つまり、ミツマサくんがミツマサくんらしくあるために、その時間を確保するために、ミツマサくんの1248万円という貯蓄が生きてくるのです。我が社ではそれぞれに給料は（ま、それは生活保護なんですが（笑））すべて全額貯金に回してます。そうやって時間の担保としてのお金を生み出しているわけです。

時間の担保としてのお金。これが今日の大事なところです。

多くの人は逆に考えてます。

土地を担保にして、車を担保にして、お金を手に入れるんです。しかし、お金は有限です。つまり、使うとなくなります。そうすると、また担保が必要になってくるんですね。担保がなくなると、今度は他にお金を出してくれる保証人とかが必要になってきます。

なんか変じゃないですか。ミツマサくんを見てください。ミツマサくんはまったくお金を使ってません。それなのにどんどんミツマサくんは豊かになってます。一方、お金を使うとどうなりますか、また稼がなくちゃいけないじゃないですか。ということで、やらなくちゃいけない仕事の量が増えちゃいます。

ミツマサくんは作業の効率がどんどん良くなって、今では夕方の時間ちょっとだけ畑に出るだけです。あとはどんどんなんでも作る能力が高まっているので、やれることがどんどん増えているんです。しかも、ミツマサくんはどんどん貯蓄がたまってます。でもやればやるほどお金は使わなくなってきた。お金を使って、いい機械を買っても、実はその機械だって、元は手でやってたわけだから、技術が高まれば高まるほど根源に向かうので、機械を超越してしまう。つまり、大掛かりな初期投資みたいなことは一切不要だとわかったと右腕のミツマサくんは教えてくれました。

それより、あの次何を作ろうかなとぼんやり畑の中で考えている時間が一番気持ちいい、って言うんです。

ミツマサくんがその一番気持ちいい時間を侵される危険性が今、ありますか？ないんです。畑を追い出されても問題ありません。どこにでも畑はあります。家を壊されても問題ありません。3万円使ってまたもう一軒建てるだけです。不作だったら、食べなきゃいいだけです。周りのおじいちゃんおばあちゃんたちとの信頼関係は不景気だろうが関係ありませんし、時間を経るたびに強く結びついていきます。

我が社では、何よりも、お金ではなく、時間に着目してます。

時間のお金化、そして、**お金の時間化**をいつも心がけます。

そして、これがこの**腐った資本主義の世界の中で、生き延びるための次の技術**なのではないかと考えているんです。お金を手に入れるように時間を手に入れるんです。その時に重要なことが、生活の水準を下げろ、そして、自分の水準を上げろという我が社のモットーなわけです。

ミツマサくんには時々、実験と称して、普通の生活をしてもらってます。家を借りて、スーパーで野菜を買って、あとはいつも通り生活してもらってます。年に一度、一ヶ月だけです。もちろん、経費は我が社の親会社であることりえに出してもらってます。

彼は新高円寺徒歩一分のところで家賃が1万8000円の物件を二〇二〇年の今年も見つけてきて、そこで畑も何もないところで生活してくれてます。これは実験です。果たして、そのような都市生活で彼がいくらかかるのかを実験しているのです。食べれない時は食べないの精神で、食費は1万円でお釣りが来ました。あとは本当に何もお金がかからなかったのです。水道代電気代を入れても、3万円でした。もちろん彼自身の技術の水準だとすると、ということです。そこで計算をしてみましょう。

月3万円×12ヶ月＝36万円

これが多く見積もった彼の一年の生活費です。
彼の貯蓄1248万円をこの生活費で割ってみましょう。

1248÷36＝34.6666

つまり、彼はいつどうなっても、土を奪われたとしても、何もしなくても東京のど真ん中で三四年以上生き延びることができます。我が社ではこうやって叩き出した数字を、名前の最後に入れて呼ぶことにしてます。ルイ16世みたいな感じで、ミツマサ34世と呼んでます。

ミツマサは完全に自分の好きなようにやれる時間を三四年分手に入れているということを表す称号です。我が社では誇り高き称号です。

そして、もちろんミツマサ34世が我が社では一番の時間持ちです。半端ないんです。ミツマサ34世は。三四年後のことも一切不安に思わないでいられる人がこの世にいますでしょうか。大富豪くらいでしょう。しかし、大富豪は経費にお金がかかりすぎてますので、やはりミツマサ34世に軍配が上がるような気がします。素晴らしいことだと思います。

時は金なり、とはいいますが、まさに言い得て妙、いや、むしろ、かのミツマサ34世なら、

「お金は時間である」

と断言することでしょう。

というわけで、今日の長い講義を終わりたいと思います。

皆さん、長い時間、我が社の話に付き合っていただき誠にありがとうございました。しかも、また昨日も四名の方が、入学金を払ってくれたようです。なんと650万円が集まりました。何かの詐欺に合っているような気がしますか? 確かに、お金は抜き取られているかもしれません。しかし、同時にあなたの時間は増えているはずなのです(笑)。怪しい話です。だから皆さんリラックスしつつも、足元はよく見ながらついてきてくださいね!

それではここで休憩を入れましょう。また明日。

――現在のお金の学校資金：650万円

5

僕の印税についての楽しい話

今日もまた実例をもとにお金について研究をしてみましょう。お金のことを考えるのはどうしてこんなに楽しいんですかね。みなさんも楽しいですか？　僕はとにかく大好きなんです。お金って、なんでこんなに楽しいのかって、まずは楽しいことしかしないからですね。僕の行動の基本は楽しいことしかしないってことなんですが、それだと楽しいことってなんのことかわからない、なんてことを言う人が結構いらっしゃるんですね。

楽しむってのは、一つの技術でして、このお金の学校では、お金の話をベースにして、いかに楽しむか、いかに好きになるか、ってことを僕は実は伝えたいのですが、のっけから楽しいこと、なんていうとみんな思考停止に陥っちゃうので、楽しむことに慣れてない人に伝える時は「やりたくないことは絶対にしない」と伝えます。

やりたいことはわからなくても、やりたくないことってのはすぐにわかるんですね。当然です。嫌って感情はすぐわかるじゃないですか。だからまずはやりたくないことを一切やらないでいてみてください。仕事が嫌いなら、仕事を辞めちゃいましょう。そして数ヶ月は生活保護でも受けながら、やりたいと思える仕事を真剣に探しましょう。家族が嫌なら離れちゃいましょう。嫌いな人とは絶対に一緒にいないでください。害悪以外の何物でもありません。やりたくないことだけを排除するだけでも体はきっと楽になるはずです。もちろん、好きなこと、やりたいことをやることこそが一番の薬であり喜びです。

僕は自分の作品を作り続けるために、毎日一〇枚原稿を書いてます。この講義だってそうです。毎日一〇枚以上、昨日なんて三〇枚も書いちゃってるわけです。どうしてそんなふうに書けちゃうかというと、やりたいことだからです。僕は誰かに「こんなものを書いて欲しい」とお願いされて書くことが一番苦手です。やりたくないことです。だからそんな原稿仕事は一切排除してます。自分が思いついたことだけ書く。書きたいことだけを書くんです。だからどれだけでも書けます。とは言っても、毎日書き続けるっていうのはそれなりに大変です。書きたくない時もあるんですね。

そういう時はどうするか？

僕はそういう時でも書くんですね。つまり「やりたいこと」をやっている最中に「やりたくないこと」が生じた場合だけ、僕はやりたくなくてもやるようにしてます。今一番やりたいことは「お金の学校」についてどんどん書くことです。でも今日はちょっとやる気がないみたいです。でも僕は書きます。もし「お金の学校」について書きたくなくなったら僕はすぐに書くのを止めます。それでも僕はきっと他のことを書くでしょう。なぜなら何かを書きたいとは思っているからです。

そうやって、ぜひともあなたも一つずつ自分の行動を観察してみてください。心地がいいなら、流れてます。嫌になってるってことは淀んでいるってことです。やりたくないことをやらないと選択すると、その行為だけですでに「流れ」に向かっていることを意味してます。そう考えると、楽しくなってくるはずです。

まあ厳密にしすぎてもいけませんので、サッと次に進んでいきましょう。なんとなくでいいです。やりたくないことはしない。ところが、そのことにこだわりすぎてしまうと、ただのうざいやつになりますので、バランスよくやってくださいね。何事も極端にしていいことはありません。お金は何よりもバランスの世界です。自分だけ稼ごうだなんて無理な話です。お金とは経済であり、つまりは流れ、しかも楽しい流れですので、楽しいとはつまり、人との関わりでもあります。もちろん、これは人だけではないんです、お金との関わり、植物との関わり、風との関わり、動物たちとの関わり、そういったあらゆる関わりを含めての関わり、これが経済なのですが、今は、経済＝お金になりすぎていて、もちろんそれも真実ですが、それは真実のうちの一つです。

経済、つまり流れは無限にあります。だからと言って、その流れの混沌の中に飲み込まれてしまっては、バランスを欠いた生活になってしまいます。こんな極端そうな僕が言うので、ちょっとびっくりかもしれませんが、これから話をするのは、そんなバランスの話になるはずです。

昨日の畑部の話は面白かったですか？

あれを読んで笑える人は少しずつ柔らかくなってきてます。矛盾を矛盾のまま受け入れられるようになってきていると言ってもいいかもしれません。これはとても大事なところです。なぜなら経済とはあらゆる流れの総体であって、一つの流れだけを指すのではありません。これもまた大事なことです。

今、人々は経済を一つの「お金の流れ」と断定してしまっています。しかし、実際はいろんな流れがあります。

もちろん、経済もまた自然のものなのです。だから植物みたいに、切っても、別のところから生えてきます。人間の合理性と植物の合理性はまったく違います。植物の合理性によるツルの生え方、伸び方は人間の合理性から捉えると矛盾そのものになります。植物は切られても平気です。むしろ喜んで伸びていきます。踏まれることも切られることも腐ることも全部喜びに変えちゃいます。そんなふうに合理性もまた自然界には無数に存在してます。経済もまた然りなのです。

ま、実例を示しながらお話をしてみましょう。

せっかくだから二〇二〇年の話をしましょう。僕は自分の育ってきた歴史をもとにお金について話をしたいと思いつつ、ついつい脱線して、いろんな話をしてしまっていて、もう僕もどこまで話したのか、どこから続きを話そうとしているのかわかりませんが、植物的合理性を感じつつ、思うままに、好き勝手に話してみましょう。最近の話の方が楽しいはずです。

いつだって、人間は過去を虚飾します。嘘をつきます。今のことなら嘘もなかなかつきにくいです。しかも、お金のこととなると、さらに嘘がつきにくいです。だから、今のこの瞬間のお金の話をすることはこの世界ではタブーとされていることが多いです。

僕の仕事で言うと、印税がいくらなのかどうかとか、まあそんな話です。そんな話はほとんど誰も書きません。本の値段の一〇パーセントくらいが印税である、なんてことは知っている人もいるかもしれませんが、それは一概に言えません。

そして、印税で楽に過ごせている人なんて、あんまりいませんので、というか、作家って食べていくのが大変な仕事のうちの一つのように思われているような気がします。実際に食べれてない人も多くいると思います。だからこそ、誰も喋らないのです。しかし、守秘義務はありません。だから自由に楽しく話していいのです。

というわけで、今日は僕の印税についての話をします。

気になりますか? ワクワクしますか? 楽しいですか? 大事ですよ。**楽しんで学んだことしか体は覚えません。**それは僕だけなのかもしれませんが、僕はそうです。しかめっ面していいことは一つもありませんでした。だから、とにかく楽しんで考えたいんです。そうすると、なぜかお金に困らないという体験を僕は一度だけではなく、何度も味わってます。

といっても、別に僕は富豪ではありません。この学校では僕の年収、そして、細かい収入のことも逐一説明していこうと思っているのですが、なぜなら**誰もそれを教えてくれない**からで、みんなが知りたいし、参考にしたいのはそこだと思うからで、もうすでにニーズがあります。ニーズがあるんですから、やるのは当然なのです。別にただの露出狂なのではありません。チラリズムはもともと人が興味がなければ発生できない楽しい時間です。まあ僕はチラリズムではなく、野暮なんで、あ、僕はヤボ族の生まれなんで、とにかく全部喋っちゃいますけどね。

だから、あんまり売れないんだと思います。売るためには、稼ぐためにはチラリズムが必要です。しかし、それは売るため、稼ぐための戦略です。お金の学校ではそんなことは教えません。売ること、稼ぐことはまったく重要ではないからです。**重要なのは、自分が必要だと思うものを、楽しく流れを感じながら獲得すること**です。

これができていなければ売れてても、どうせ廃ります。売れたものは滅びるのです。売れてるものでいいものは一つもありません。売れるとは「よくわかんない人も宣伝の効果でついつい買っちゃう」ってことです。全然洒落てないし、第一、そんなつまんないやつに買ってもらっても、売る方は少しも楽しくありません。

でもお金のためには仕方がない。

すぐ人はそう言います。でも僕のお金の学校では決してそんなことは言いません。だって楽しくないじゃん。

楽しくないところには……？　もうみなさんわかりますよね。そうです。**流れが発生しません。**つまり、そこにはお金は生まれるかもしれないけど、経済は発生しません。それでは面白くないのです。

面白いってことは何なのかというと、最初の直感的な感覚が持続されていく、ってことです。それが面白いんです。セックスだってそうでしょ？　セックスしたあとは興味が無くなったりする人いるじゃないですか。やたらと美貌は素晴らしいのに、話をしても面白くない方とか……。

その時の容姿とか美貌とかスタイルがいいとかが、お金のためには仕方がない、という時のお金です。

でも本当の関係ってそうじゃないっしょ、って誰もが思っているじゃないですか。もちろん、好きな顔のタイプはあるけど、それだけじゃなくて、話をしてて、何でこんな細かい自分の感覚があなたに伝わってるんだろう、あ、好きな匂いのタイプが一緒だ、好きな音楽の方向性が似てるけど、自分が知らない音楽も知っていて気になる、とかあの楽しい時間。あ、ここでも時間が出てきましたね。

あの時間ですよ。別に恋人じゃなくてもいいです。親友っていうか、旅先でたまたま会っただけなのに、昔から兄弟だったような、あのサンフランシスコで一緒にマリファナ吸ったジェイソンのことを僕はふと思い出しました。まあ、二〇年も昔の話はいいでしょう。

今の話です。今の時間です。今のお金のことを話しましょう。

僕は今度、画集を出版するんです。

今、一〇月五日ですよね。ちょうど一ヶ月後くらいに発売する予定です。『Pastel』（左右社）というタイトルの画集です。この講座を読んでいたら知っている人もいるかもしれません。僕は毎日一〇枚原稿を書いている自称作家であるんですが、同時に毎日二枚のパステル画を描いている自称画家でもあるんです。

自称とつけたのは、僕は自分のことを作家だとも画家だとも思っていないからです。それらはどちらも有機的に生物のように一つになってます。だから、これは作家の作品です、これは画家の作品ですと僕の中では分けられないんですね。

でも、それだと、じゃああなたは何家なんですか？みたいに聞かれてそれもめんどくさいんですね。めんどくさいことはしない、というのも僕の鉄則なので（しかし、これはあくまでも人との関係においてです。人との関係、つまり、それが流れであり、経済なのですが、めんどくさいと周りが動きづらいために発生しにくいです。しかし、僕はよく自分自身ではめんどくさいことを積極的にやります。このめんどくささについてはまた後日、一回分の講義として説明することにしましょう）、文章中心の本を出す時には作家、絵を描くときには画家、歌っている時は音楽家（CDとかも出してるんです）、料理本を出す時は料理家（なんでもやってるんです）みたいに分けて説明してます。

ま、それはいいとして、僕は毎日パステル画を二枚描いていて今度一一月初旬に初のパステル画集を出すことになってます。

この画集にまつわる一つの話をすることにします。これは寓話ではありません。これはれっきとした事実です。だからきっとみんなの参考になると思います。自分が経験したことはすべて気前よく人々に披露する。これが僕による経済です。それをやると自分の稼ぎが減ると思って、みんなは黙ってます。もしくはあまりにもお金の流れが楽しくなさすぎて、言えないということもあります。

どちらもあんまり面白くないですよね。だからこそ、僕は覚悟するんです。面白い方がいい。楽しい方がいい。だから、すべてを公開する気で本気でぶつかろう、やりたくないことはしないでいよう。楽しいことをできるだけ求めて、愉快な流れを発生させよう。

つまり、この画集についてのお金の話をするという行為自体がまた、**愉快な流れ＝経済**になっていくわけです。このような波状効果が起きます。それは必ず楽しい時です。きっとこの話もうまくいくんだと思います。

まず僕は二〇二〇年の四月二五日、パステル画を描こうと思い立ちます。その理由まで説明していると大変ですので、端折りますが、それまでも一日に数枚のアクリル絵画を描いてた僕は飽きてたんですね、その手法に。何かもっと面白いことはできないか、もっと直接的に絵が描きたいと思ってました。そんな時にパステルを使って指で近所の風景画を描くという行為に可能性を感じたんです。

まだこの時は何もやってません。それまで風景画なんか描いたこともなかったくらいです。実は小学四年生の時から僕は近所の風景を描くのが好きだったんだと思い出したのは、ずっと後のことです。と言いつつ、パステルをはじめたのはそれくらい最近のことなんです。まだはじめて丸五ヶ月しか経過してません。それなのに、画集が出るんです。

参考までに僕が描いたパステル画をいくつかあげておきましょう。なかなかいいもんですよ。

僕は一〇枚くらい描いてみて、あ、これは僕がやりたかったことだとすぐにわかりました。それで一〇枚しかできてないのに、画集にしたいと思いつきました。なぜ画集を作ろうとしたかと言いますと、それはパステルをずっと描きたいと思ったからです。そのために一番うってつけな方法が、僕にとっては「本にする」という行為なのです。

どういうことかと言うと、本にするためにはある程度の量が必要になります。そして本にするということを、先日お伝えしたように企画書を書きながら構想を練ると、ある形が導き出され、そうなると、必要な絵の数、とか原稿の量とかが、明確に見えるんですね。これも大事なことです。

「明確なゴールを一回、完全に設定する」

僕はあらゆることをする時に、この方法をまず取り入れます。つまり、これが企画書を書くということの正体です。具体的な量を知りたいんです。運動会を考えてご覧なさい。ゴールが設定されてないかけっこなんかどうしたらいいかわからないでしょ。

僕はこのヒントは路上生活者から学んでます。

隅田川で暮らしていた鈴木正三という男がいます。彼が僕の建築の先生です。彼から僕は多くのことを学びました。僕にとってのメディスンマンみたいなものです。師匠と

いうだけではなく、心の師です。彼が僕に伝えたとても単純な真理は、

「生活に必要な様々な量を知ると、不安がなくなる」

というものでした。鈴木さんは一日、どれくらいの水が必要で、どれくらいの電気が必要で、どれくらいのお金が必要なのかを細かく研究していたのです。話を聞きながら、僕は自分が一ヶ月にどれくらいの水、電気、食糧が必要なのかをまったく知らないことに気づきました。不安の根源はそこにあると鈴木さんは教えてくれたのです。

それ以来、僕はとにかく一体、どれくらいの量になるかをまず一番初めに決めるようになったんです。そうすると、動きが変わります。そりゃそうです。目的地がわからない場所へ行く時、行きと帰りでかかる時間が違います。当然かと思われますが、それだけってことです。まず初めに量を決める。そうするだけで楽になりますので、みなさんもぜひ。

流れは楽なところにしかおきません。理由は簡単です。水が上に上がって行きますか？　川が逆流しますか？　しません。高いところから低いところに、つまり、力が一

番楽なように流れます。ボートで逆流してて楽しいですか？　まあ、そういう楽しみもあるかもしれませんが、楽しいとはつまり楽ってことです。

流れていく方が楽なんです。楽しい、がわからない人は、楽ってことで考えてみましょう。楽か辛いかだったらすぐわかるでしょ？　そうやって判断しやすいことを、サッと自分で見つけて、まずは判断をしてください。

判断するのは、**それって心地いいの？**ってことです。

で、僕が企画書を書こうとするのは、つまり本を作ろうとするのは、そうすると無茶苦茶楽だからです。しかも本ができたら楽しいです。心地いい。気持ちいい！　嬉しい！　泣ける！　もしかしたら奇跡も起きるかもしれない！んです。じゃあやるしかないでしょう。

そして、やるしかないでしょう、となると、やっちゃうのが人間です。それはみんなも知ってるでしょう。テスト前にはついつい勉強しちゃうんです。しかも勉強できちゃうでしょ。受験だと思ったら、英単語憶えちゃいます。**目的をはっきりさせると、プロ仕様になります**。だから、料理も普通にしてるとつまらないんですけど、料理本をつくるってなると、めんどくさいチャーシュー作りとかもやれちゃうんです。パン作りとか。大福まで作れちゃいます。これが企画書の効能です。

というわけで、僕は画集をつくることにしました。

なぜならパステル画を思い切り、プロ仕様で描きまくりたかったからです。本を出すとなると、毎日アトリエに向かえちゃいます。妻から何処かに遊びに行こうと言われても、いや、本を出すから、と言って、なんか仕事モード風に子供が休みの日でもアトリエに行けちゃいます。

趣味じゃないんだよ、って雰囲気出すと、何もかも変わってきます。パステルも本気モード入ったので、本格的な道具を揃えます。料理家のキッチンスタジオみたいな感じです。好きなものを好きな場所にストックも備えて品切れしないように安心安全の設備。そんなふうになれるんです。

本を書くっていうのは、そうやって本格的に向き合う環境設計のために宣言することなんです。それが僕の経済の起こりです。もうここには一つの流れが発生してます。

次に毎日描く量を決めます。

これは画集の最終形をまずイメージするわけです。三〇〇ページのフルカラーの本は流石に素人の僕には無理でしょう。でも面白いかもしれないけど、なんとなく一五〇ページくらいのイメージです。

もうここからは楽しいイメージ発生中です。美術書をおいてる素敵な本屋でかっこいい画集とかを見ながらイメージします。僕が見ていた本たちは、フルカラー一五〇ページくらいでした。どれも。きっと印刷費的にもちょうどいい感じなんでしょう。

値段は5000円くらいでした。うーんちょっと高い。できたら3000円で売りたいなあ。僕はその時にもう値段まで決めてしまいます。だって買うのは一人の読者ですから。彼が画集を手にして値札を見てレジにいく感じをイメージします。ここでもうすでに架空の経済の流れの一つがさらに発生してます。

本を作ると決めた僕の流れ、そして、その本を買う読者の流れ、これらは違う流れです。複数の流れ。複数の流れが明確に見えたら、さらにレッツゴーの瞬間です。これは流れになるんです。しかも複数の流れによって、立体的な流れになる予兆です。そうなると、編集者に電話をするタイミングです。

一応、まだ絵は一〇枚しか描いてません。でも流れが起きているので問題なしです。あとは電話でなんとなく話して、その立体性を伝えましょう。版元をどうするか。僕は一冊の本を手にしました。簡単なやり方です。家にある本棚の中で、今回の画集を作るに当たって参考になりそうな本。

それはヴォルスという芸術家の小さな作品集でした。なんか感じがいい本なんです。

持ってるだけで嬉しくなる。これが右腕ってことです。前回出てきそうで出てこなかった、いやミツマサ34世は出てきましたけどね。まずは右腕を見つける。これが第三の流れです。僕が「**イメージしている原型に近い、すでに流通している物質**」を見つけるってことです。それが僕が言うところの右腕です。

右腕は見つかりました。次にどうするか。簡単です。右腕を作ってる版元に今すぐ電話するんです。

版元は左右社というところでした。会社の概要をチェックします。そんなに大きな会社ではありません。でもいいんです。右腕を作ったところなんですから。規模は関係ないです。だって僕が好きな本を作ったところなんです。きっと話は好転していくはずです。

しかも、ちょうど僕は左右社の担当編集者から一冊の本の依頼を受けていたことを思い出しました。ピカビアという ぶっ飛んだ芸術家の語録が面白すぎるから、ピカビア名言集を作ったらいいのに、という僕の本の中の一節に注目して、本当にその本を作りましょうと言ってくれた人でした。僕のイメージとウマが合う人ってことです。第四の流れも来てます。実際の右腕、つまり担当編集者を見つけたわけです。感覚も合いそうな感じ。

でもまだ左右社とは実は一度も仕事をしたことがありませんでした。

しかし関係ありません。流れは立体的になっているからです。もうそうなると、たいていうまくいくんです。だってその流れは楽しいですし、それだけでなく参加する他の人たちも感覚が近いので、その僕の楽しさ、楽さ、心地よさを共有できるはずだからです。

でも、もちろん勘違いの可能性もあります。というわけで、この時点で電話して確認するわけです。左右社の電話番号を調べて、連絡をしてくれていた編集者の名前を告げて、電話を繋いでもらいました。

彼女は梅ちゃんというのですが、梅ちゃんが出てきました。梅ちゃんとはメールでやりとりしてただけで初めて電話で声を交わしました。

「ピカビア名言集を作るって話だったけど、パステルの画集を作りたいんですよね」

「あ、Twitterで見てました。あれいいかもです」

「でもまだ一〇枚しかないからね。だから、これから毎日二枚描いて、五〇日間くらいで一〇〇枚目指したいんだよね。一〇〇枚描いたら、画集出して欲しいな」

「一〇〇枚揃ったら、楽しそうですね。ぜひ我が社で」

「頑張ります!」

というわけで、これで第五の流れが発生しました。

本を作るということを、僕以外の人、右腕と共有した瞬間です。本を出すには会社で企画を通す必要があるのですが、そんなことどうでもいいんです。なぜかって、左右社で出せなくても、やってみようと右腕と対話をしたならば、なんにせよ、一〇〇枚のパステル画が完成することは見えるからです。そうなれば、左右社からふられても、他の版元に持っていけばいい。僕も左右社もノーリスクです。口約束ってことです。

僕は完成するまでは口約束だけ、完成するときは実際に契約書を結びます。完成する前に書類を交わすと、その相手のためにやらなくちゃいけないことも出てきます。でもこれではダメです。お金のための経済が入り込んでくるからです。

会社は失敗したくないですから、リスク回避しか頭にありません。それが二一世紀の自称資本主義者たちの悲しいところです。現在、すべての版元が、リスク回避しか頭にありません。どうなるかわからないけど、面白すぎるから出版しますとはどこも言えません。

なぜかは知りません。恐怖心が板につきすぎて日常になってしまっており、守りに入っていることすら見えていないんだと思います。これはどこかの版元を批判しているわけではありません。それは現在の出版のセオリーになってしまっているんです。

そこでどうするかっていうこともお話ししましょう。

まず企画を通すなんてことはどうでもいいんです。ウマが合う人を見つける。そうすれば流れをさらに増幅することができます。おかげで本当に僕は五〇日間かけずに一〇〇枚を描きあげました。

しかも、描きながら楽しいもんですから、当然うまくなっていくんです。だって楽しいんですから。どんどん描きたくなるわけです。楽しければ、そういうことがおきます。楽しくなくてもいいのですが、楽しくないことは予想を超えることができません。予想を超えるのはいつだって楽しい時です。楽しすぎて、リスクのこととか忘れちゃってる時です。セオリーなんか無視しちゃってる時です。

楽しいとは、リスクのことを考えないでいいほど安心できて、人々が不安だから群がるセオリーから遠く離れることができるってことなんです。ここ大事です。

もうこの時点で複数の流れの数を数える必要性がなくなります。つまり、流れが完全に立体的になって動き始めているんです。

僕は確信しました。

これはいける。なぜなら楽しすぎるから。僕が楽しいんですから。売れるから描くなんてことはしなくていいわけです。売れなかろうが、評価されなかろうが、描けるんです。楽しいですから。どんどんいっちゃいます。やっちゃいます。ほっといても描くようになります。どんどんうまくなります。

こうなると、もうそれは**誰が買わなくても経済**です。

そうなんです。お金になる前にすでに経済はあるというのは、そういうことなんです。まだ誰も買っていません。一〇〇枚描くまで一枚も売らないと決めてもいました。売るって、セックスでいうと、射精です。もうイっちゃうと、なんもしたくなるでしょ。もうどうでもよくなる。セックスは頂点に達しても仕方がないんです。その過程だけが楽しいんです。ゴールを設定するのは大事だが、ゴールしても面白くありません。というかゴールに達する必要がありません。だって過程が楽しいんですから。

ということで、一番初めにはゴールを設定しますが、それはあくまでも初期設定であり、経済が立体的に発生するまでの暫定的なもので、途中で、経済が発生した瞬間に、ゴールはまた別のものへと変換させる必要があります。

これが焦らし大作戦です。自分をイカせないようにするんです。自分の中でワクワク、ムラムラ、気分を高めつつ、刺激を与えつつ、しかし、イカないようにゴールを変えましょう。過程を延々と続けるのです。

なぜなら楽しいからです。気持ちいいからです。そんなこと言う必要もないでしょう。だって、もうみんなもイきたくなくなってませんか？　この「お金の学校」の最終回なんか読みたいですか？　僕は間違っても読みたくないですよ。ドンストップミュージックってやつでしょ。

で、ためてためて、僕はまず個展を開催することにしました。

一〇〇枚揃った絵を販売するんです。個展を開催することにしたのは、左右社から画集が出ても出なくても、それでも僕は楽しいんだから、全然大丈夫だと自分でさらに楽しくさせるという目的がありました。

絵が売れたら、それはそれでまた画集を出したいと思ってくれるところができるはずです。なぜなら画集というものは、印刷代が高いわりに、売れることがほとんどなく、版元にとって旨味が少しもないんですね。リスク回避という宗教に入ってしまっている出版界ですから、そんなわけで画集の出版の企画を通すことがとても難しいんです。

そこで僕はどうしたか？

ここからが今回の話の一番大事なところです。ずいぶん時間がかかってすみません。事細かく説明することだけが普遍に通じると僕は固く信じているので、そうやるしかありません。そして、こうやって説明することもまた僕の好きな、楽しい作業でもあります。

一体、いつも僕は何をしているのか、これを説明することが僕が皆さんに提供する学び、いやどっちかというとアミューズメント（楽しさ）です。

さて、印刷費で悩む版元左右社。それは世の常ですから左右社でなくても一緒です。ただ印刷費だけならいいんですけど、印税があるわけですね。僕は最初に設定したゴールのイメージで話を進めてました。つまり、一冊3000円、一五〇ページくらい、フルカラーの画集です。

すると、たいていの画集だと、初版が一五〇〇部とか二〇〇〇部スタートという話になります。僕のパステル画はそれなりに注目を集めてはいましたので、その数では足りないのではないかと僕は伝えましたし、編集者もそう感じていたようです。

最近の僕の著作はそれなりに好調で、前々作『まとまらない人』（リトルモア）が四刷、そして前作『自分の薬をつくる』（晶文社）もまた四刷で、二冊とも一万五〇〇〇部は超えていました。いい感じではあります。

しかし、今度は画集です。画集は置く場所にも難点があり、とにかく部数をふやすと版元にとっては大きなリスクとなります。それでも少しずつ数字が見えてきて、初版三〇〇〇部からでやってみたいと言われました。

僕の初回の印税はいくらになるでしょうか。まずは単純計算してみましょう。印税とは売れなくても、印刷した分だけ著者に入ってくるギャラのことです。通常一冊につき価格の一〇パーセント。僕と左右社の間でもその契約で進んでました。つまり、

3000円 × 0.1（印税10％） × 3000部 ＝ 90万円

となるわけです。おそらく印刷費も200〜300万円くらいかかるだろう、ということは、僕も二〇〇四年に『0円ハウス』（リトルモア）というフルカラーの写真集を作っていたからわかっていたのです。そこにさらに僕の印税90万円も重なると、版元は前払い400万円近くになってしまいます。

もちろん、これは僕の予想の金額ですよ。実際はわかりませんし、その細かい数字までは教えてもらっていません。でも、いいんです。そういう細かいことは。もっと大きな数字に着目しましょう。そうです。僕の印税です。それは一〇〇枚必死に描いた僕にしては少ないですが、版元が印刷費を先に払う感覚としては結構な金額です。

そんなわけで発行部数がどんどん少なくなるわけですが、それだけならいいのですが、画集は通常の印刷と違って、印刷の質がより重要になります。たとえば汚い印刷でも文字はまだなんとかいけますが、絵が印刷されるとなるとちょっと辛いです。僕が感じたのは、僕に印税を払うせいで、印刷の工程をいくつか抜いたりして、印刷の質が下がってしまう可能性がある、ということでした。

たとえば、確認と調整のために「色校」という印刷された色の具合を確かめる作業とかがあるんですが、そういう工程がすっ飛ばされたりしたら嫌だなあと、別にそんな話があったわけじゃないですよ、金かけられないとかあんまり会社と著者の間で言いにくいじゃないですか、だから知らぬうちにすっ飛ばされたりしたらどうかな、いや、そんな人たちではないですよ、編集者も会社もその時にはとても前向きに出版すると言ってくれてたので、なおさら、なんか気持ちよく印刷して欲しい、印刷に関してコストカットしないで欲しいと感じたんですね。

そこで僕の必殺技を繰り出すことにしたんです。

「僕の初回印税はいりません」

そう伝えたわけです。90万円いらないと。そうすると、無茶苦茶楽になるわけですよ。印刷の部分でケチる必要はなくなる。でもそうなると、僕は90万円損するわけですね。もらえるはずのものをもらわないいんですから。どんなに気前のいい僕としても90万円を寄付するほど余裕があるわけではありません。

でも流れはできてますから。なんか面白いようにやりたいじゃないですか。そんな時にケチってる場合じゃないじゃないですか。と言いつつ、面白い流れにさらにまた流れの予感を僕は感じてもいたわけです。

さて、画集はソフトカバーの普及版と別に一〇〇部限定でハードカバーの布張り特装版というものも出すことが決まってました。そちらを少しスペシャルな本にして、少し高値で売って、高い印刷代の分をできるだけ補填したい、というのがほとんどすべての特装版のゴールなんですね。そこで僕はこう伝えました。

「一〇〇部のうちの三〇部を僕に無償で
提供してくれませんか？　印税の代わりに」

人間はお金を渡すのは大変ですが、自社で作ってる製品ならいつでも気前良くくれたりするじゃないですか。あの感じです。お金じゃないので、交渉はスムーズでした。というわけで僕は印税の代わりに特装版を三〇部手に入れることができました。そして、僕はさらにこう伝えたのです。

「特装版にパステル画の原画をつけたプレミアム版を僕に独占的に販売させてくれないか？」と。

僕は絵を一枚15万円で売ってました。それを今回は特別価格として布張り画集付きで三〇部限定で15万円で売らせてもらうことにしたのです。

本来はそれはギャラリーや版元がやる仕事かもしれませんが、僕はなんでもすべて自分でやるんです。やるのが楽しいんです。僕は経済の起こり、流れ、流れの立体化の過程を肌で感じることに市場の、いや至上の喜びを感じるんです。だってセックスですから。気持ちいいんですもん。というわけで絵も全部自分で売るんです。

僕はどこにも所属してません。マネージャーもいません。メールでの仕事の受け答え、スケジュール管理、税理士との打ち合わせ、細かい経理に至るまで、全部自分でやってます。なぜなら鈴木さんの言葉を体に刻み込んでいるからです。

「量を知れ」

そうです。それが経済だからです。だから細かいことや雑事と思われるようなことも、どれくらいの量なのかという知的好奇心でどんどんやっちゃいます。みんなもやってみたらいいですよ。やればやるほど自分がやるのが一番効率いいことに気づきますから。

なぜなら自分のことだからです。

自分のことを他の人がやると遅くなります。自分のことを自分でやると早いです。なぜならただの事務処理じゃないからです。これは焦らしです。過程です。立体の起こりです。経済です。発生の瞬間です。目の当たりにしたいじゃないですか。快感を感じたくて僕は事務処理を好き好んでするんです。というわけで、このプレミアム版は僕のネットショップ、いつも使うBASEで売らせてもらったんです。すると、すぐに一時間で完売しました。

15万円 × 30部 ＝ 450万円

仲介料はありませんから、丸々いただけます。そして、パステル画集の予約をとるために、僕は頑張って宣伝しました。すると、僕がこれまで出した本の予約件数の中でも最高位になるほどのすごい予約が入ったのです。

そうすると、左右社は安心します。初回印税を著者に払わなくてすみますし、注文はきている。ということで、三〇〇〇部に上乗せして、さらに発行部数が増えることになりました。この発行部数は表に出しても問題なさそうですが、どうも出版界では発表しない空気がありますので、気を遣って、発表はしないでおきます。

でもつまりは重版したと変わらないので、重版からは一〇パーセントで印税くださいとお願いしていたので、100万円近くが入ることになったというわけです。

というわけで、**90万円をもらうつもりだったのが、それを全額版元に戻すことで、なぜか550万円になって僕の手元に返ってきたん**です。これが僕がパステル画をはじめた時に感じた立体的な経済の一つの面です、これが結果ではありません、まだ僕はイッテマセン。まだ焦らし中です。だって、まだ本は出来上がっていないのです。本屋に並んでいないんです。印刷が完了するのは一〇月中旬です。まだ何もはじまっていないんです。

先手必勝。そして、経済の起こり、流れ、立体化を感じたら、どんどん身銭を切ってでも自己投資しろ。

他人に投資するのではないんです。

印税を版元に戻したのが、自己投資だったのです。

そうすることで、版元と著者という固くなって変わらないままになっている経済を整体し、ほぐし、バラバラにし、実はそこに複数の経済の流れがあることに気づき、その伏流として、もう一度、自然界に戻し、それによって立ち上がる立体的な経済の流れ、つまりお金というものの生態系をもう一度、楽しく戻してあげると循環し始めます。

すると、何よりも、この僕が一番はじめに感じた、これを画集にしたい、この画集が欲しい、この画集を作っていることが楽しい。この画集が好きだ。お前が好きだ。お前のことを一生愛す。守る、という僕の気持ちが、経済だということを自分自身が気づけた、だからこそ大事にできたという喜び、そして、自信に変わるのです。

そして、それはきっと左右社のモチベーション自体も変化させたはずです。だって、今までにない予約がきてるんです。

何かが起こるかもしれないじゃないんです。

もうすでに何かが起きているんです。

これを僕は優しさだと思ってます。

どんな些細なものに対しても優しく接する。

つまり、愛情です。

愛情が複数の経済の間の糊となって、つなぎとなって、立体的に組み合わさり、一つの生態系にまで立ち上げてくれるのです。

6

経済＝「大丈夫、きっとうまくいくよ」と自分に声をかけること

画集の印税についてのお話いかがでしたか？　面白かったですか？　こうやって僕はやってます。こうやって僕は生きてます。印税ゼロテクニック。一見、１００万円という大事な印税、その身銭を切っているように見えるじゃないですか、でも、そう見せかけて結局５５０万円を獲得しているわけです。

詐欺師みたいなもんですが、今のところどこからも苦情は殺到してません。なぜなら、誰も痛くも痒くもないからです。出版社は、著者に印税を払わないことで、印刷にお金をかけることができましたし、僕はとにかく自分自身で宣伝することのプロですから、みんなも知っている通り、僕はとにかく自著の宣伝をします。Twitter をやっているのはそのためです。Twitter はそのためにしか使ってません。僕にとって Twitter は自分で宣伝をするための道具です。

出版社が本を宣伝しようとするとどうするか。

彼らが好きなものは新聞です。新聞に広告を出すんですね。いくらかかっているのかは聞いたことがありませんが、それなりにするんだと思います。だって新聞もまたそれで食べているわけですから。

でも新聞の広告の効果はどうなのか？　そんなの簡単です。あなたがどうなのかってことを考えてみましょう。僕は新聞の広告を読んで本を買ったことがありますか？　僕の場合はどうか。僕は新聞の広告を読んで本を買ったことがありません。でも本のタイトルくらいは頭に入っていくかも。でも、本はそうやって買うわけじゃありません。だから僕にとって新聞に広告費を払うのは、ドブに金を捨てるようなもんです。

しかし、出版社は新聞に広告を出すのが好きです。好きなのか？　いやそれしか方法を知らないだけかもしれません。僕の本に関して言えば、新聞に広告を出して、売り上げが上がったことが一度もありません。しかし、出版社は新聞に広告を出すのだから不思議です。もしかしたら馬鹿なのかもしれません。

しかし、人のことは悪く言ってはいけませんね。いいんです。人は努力が好きです。しかし、努力したってお金は流れていきません。努力して誰かを楽しませることができますか？　そういえば今日の朝、散歩してたら公園で年配の方達が必死に笑ってました。笑うヨガって言うんですかね、あれ。みんな大きな声を出して必死に笑ってたんです。

つまり作り笑いです。

作り笑いをしたら、僕は鬱になります。顔中がこわばります。逆に体調悪くなります。つまり、**努力しては、楽しくならないんです。**血も流れていきません。つまり、経済にはならないんですね。無理は禁物どころか、禁止です。しかし、僕は人に禁止することを禁止してます。余計なことは何も言わなければいいんです。だから黙っておきます。出版社にも黙っておくんです。

新聞、といえば、新聞では日曜日とかに本の紹介というか、書評が掲載されるんですね。一回、一〇冊くらいの新刊が紹介されます。それぞれに書評委員がいて、彼らは毎週書評をやるわけですから、それなりにお給料も悪くないんでしょう。そして、この新聞書評っていうものは、それなりに売り上げにも貢献するようなんですね。僕は実感したことがないんですけど、あるとしても、数日Amazonのランキングが伸びるくらいです。

だから出版社はこの新聞書評を書いてもらうために、書評委員の中で知っている人がいたら、その人に本を献本したりするわけです。献本ってわかりますか？　本をただで送るわけです。しかし、その人が書評を書いてくれるかはわかりませんし、もし書いてもらえるとしても、いつ書評が掲載されるかはわかりません。

いつ打ち込むかわからないもの、そんなものが広告になるはずもないのですが、出版社の人はやたらとこの新聞書評を求めているんですね。だから、僕も昔は、書評委員の人と知り合いになりつつ、書いてくれと直接お願いすることもありました。でも書くタイミングはわからないんですね。だからただ待つだけになるんです。つまり、これもまったく意味がありません。モノを売る時に、運任せ、というのはリスクが大きすぎます。

印税ゼロテクの時もそうでしたが、僕がやっている**経済の基本態度はノーリスク**ってことです。リスクを負わないと資本主義は勝てない、だから初期投資をしっかりとやって、危険な賭けに躍り出るのだ。勇気がないと何もできない？　そんなわけはありません。

むしろ、僕が常に心掛けているのは、絶対に冒険をしないってことです。自分だけの冒険ならいいですよ。僕は冒険大好きですから。でも経済ってのは、一人ではないってことなんです。はっきりいえば、**経済とはお金ってことじゃなくて、人間関係ってこと**なんですよ。そんなところに、冒険を持ち込んでしまったら、みんな勇気がないですから、人間は勇気がないのが初期設定です、縮みあがっちゃうわけです。だからコロナ不況なわけですよ。恐怖心が少しでもあると、経済は回らなくなります。だから安心させたほうがいいんです。自分もみんなも。僕は安心させることが得意です。そうやって、持病である躁鬱病だって自分で治しました。

自分を治すのが得意なんですね。

それは、どんなことがあっても、

「大丈夫だよ、きっとうまくいくよ」

って声をかけられるってことです。

これは多くの人が苦手とすることのようです。ついつい「お前なんかダメだ」と言ってしまうみたいです。それやって何が楽しいの？って聞くんですけど、誰もが「楽しくはないよ、ついついやってしまうだけだよ」と言います。馬鹿じゃないかと思いますけど、ついついやってしまうんだから仕方がないみたいな感じなので、僕もそれ以上は口出ししません。

しかし、僕は絶対に、自分に「お前はダメだよ」って言わないんです。どんな劣悪な状態であったとしても「大丈夫だよ、きっとうまくいくよ」って声をかけてあげるんです。なぜかわかりますか？　そのほうが安心するからです。そのほうが安心して、少しだけですが、楽しいからです。そうすると、きっといつか流れはじめるんです。

僕だって、お金がほとんどない、明日家賃払ったらなくなる、乳飲み子もいるのに、みたいな時があったんですよ。でも、僕の妻は僕に「もうダメだ」とは決して言いませんでしたし、僕も「もうダメだ」とは自分から口にしたことはありません。二人で「大丈夫、きっとうまくいくよ」と声を掛け合いました。なんだよ、言葉かよ、と突っ込まれるかもしれませんが、これはそんな精神的な話ではありません。むしろ具体的な対策です。

なぜなら人は自分で自分を窮地に追い込んで、つまり、自らリスクを作り出して、それで罠にかかり、そして自ら首をしめてしまうのです。

なぜなのかと言えば、これは社会の問題です。我々の集団の問題です。集団が求めていることが、楽しいことなんかしないで苦役してしっかりと働いて税金を治めろ、だからです。楽しいですか？　僕は楽しくありません。だから僕は自分で独立国家を作ったのです。新しい集団を作りました。その話は今、ここですると混乱するでしょうから他の僕の本を読んでください。

はい、これもまた宣伝です。ここまで言われたら、どれどれ？って読みたくなりませんか？　僕は宣伝が得意です。なぜなら、僕は僕のことを世界で一番信頼しているし、好きだし、何よりも大事にしているからです。いつでも自分を楽しませたいと思っているし、どんな窮地に陥ったときでも、僕は笑顔で僕に対して「大丈夫だよ、きっとうまくいく」って声をかけてあげられるのです。

僕はいのっちの電話でもそうやって、人にも「大丈夫だよ、きっとうまくいく」って伝えます。なぜなら多くの人が、いや、全員と言ってもいいですね。自分のことを「お前はダメだ」と言っているからです。人と比べるのが好きな馬鹿社会ですから、そうやって育てられたんでしょう。

ま、お金のことは一切教えない国です。

つまり、経済のことを一切教えないんです。経済の語源って知ってますか？　**経世済民**という中国語です。世を直し、民を救う、という意味です。つまり「大丈夫、きっとうまくいくよ」と声をかけてあげるのが、経世済民ってことです。つまり、これが経済なのです。

お金＝経済＝「大丈夫、きっとうまくいくよ」と声をかけてあげること

ここでも重要ですから、ノートに残しておいてください。あなたが作った手作り通帳にでも。

今日を限りに「お前はダメだ」と声をかけるのをやめてください。お金がなくても「大丈夫、きっとうまくいく」と声をかけてあげてください。家賃が払えない人は僕に電話してください。一応、面接制ですけど、面接に合格すればすぐに振り込みます。だって、大丈夫、きっとうまくいくんですから。

お金を稼ぎたかったら「お前はダメだ」という言葉を今日、今すぐ捨てましょう。お金欲しくないんですか？　欲しいですか？　じゃあ「大丈夫、きっとうまくいく」という言葉を、どんな局面でも、特にピンチの時に、サッと声にできるように練習しといてください。簡単です。それをできるだけ多く、声にすればいいだけです（笑）。いいですね、まるでどこかの宗教法人の文言みたいで。心配ありません。僕はあなた

からお金は巻き上げないですから。一円も取らない救いの言葉は、宗教法人であることからも自由になるのです。これもまた印税ゼロテクニックの一つです。

自分を愛撫するように優しくする。自分を治す。これは太古の昔、ギリシアではとても大事な技術のうちの一つでした。ところが、今ではやれナルシストだ、自分に甘いだ、自分本位だ、と言われます。

しかし、他人を非難するその言葉、非難する態度そのものが、経済ではないのは、もうみなさんには承知のことと思います。楽しくないんですよこれが！　だから今日限りに人を非難するのもやめましょうね。楽しめないなんていう人もまずは「大丈夫、きっとうまくいく」と唱えるんです。それが楽しむための第一歩です。

そうやって自分を治せるようになると、お金が廻り始めます。当然です。楽しくなってきますから。流れが生まれるんです。

そうです、新聞書評に載らないからといってお前はダメだと言うのではなく「大丈夫、きっとうまくいく」と僕は自分に言い聞かせました。すると「新聞書評なんか待たずに自分で、新聞書評なんてランダムなやり方よりももっと確実で、何よりも素敵な、一番書いて欲しい人にお前の本の書評を書いて貰えばいいと思うよ」という声が聞こえてきました。

これが**恩恵**です。
経済が回りはじめた兆しのことを「恩恵」と言います。

＊

恩恵が訪れた時どうするか。

まずは恩恵を独り占めしないようにしてください。なぜならもう流れが発生しているからです。流れはまずは一番身近な人に向けてください。僕で言えば、家族、恋人（笑）、そして、忘れてた、そうだそうだ、担当編集者です。

というわけで、僕は『自分の薬をつくる』を一緒に作った晶文社の担当編集者であるエッちゃんにすぐ電話をかけました。

「エッちゃん、あの……」

「どうしました？」

「恩恵があったので、お裾分けするね」

「恩恵？　どうしました？　てんかんの発作ですか？」

「違うよー。声が聞こえたんですよ」

「大丈夫ですか?」

「大丈夫、きっとうまくいくよ」

「ああ、やっぱりその言葉聞くと、安心しますね。すごいなあ言葉って」

「あの、エッちゃん」

「はい! どうしました? 安心したから、なんでも聞きますよ!」

「あのね、新聞書評のことなんだけど」

「はい、色々書評委員の方の住所調べて送ってみたいんですけどね、こればっかりは運ってことで、やっぱり朝日新聞が一番効果があると思うんですよねえ……」

「そのことについてなんだけど、恩恵があってね、新聞書評なんか気にするなって声が聞こえて」

「でも、本を売るためにはやはり書評が……」

「だから書評を自分で頼みなさいって声が聞こえたの」

「自分で? よくある帯のコメントみたいなやつですか?」

「いや、そうじゃなくて、ちゃんと書評を書いてもらうんだよ。俺が好きな人に頼んで」

「!」

「どうしたのエッちゃん……」

「いや、あまりにも単純なことすぎてみんな忘れてましたけど、確かにそうすれば一番鮮度の高い、一番心地いい書評が読めますね」

「もちろん、内輪っぽくはしたくないから、晶文社で企画通して欲しいんだよね。ま、企画通らなかったら、俺が一人ずつ3万円出して、お願いしようかと」

「いや、そこは僕が企画通します。坂口さんって自分でTwitterで宣伝してくれるんで、広告費かかってませんからね、絶対、企画通りますから」

「じゃエッちゃん後は頼むね。僕は、書評をお願いしたい僕が一番書いてもらいたいと思う、天才たちにメールでお願いだけしておくから」

「どなたに？」

「まずは養老孟司さん、そしてやっぱり精神病について僕なりの独自すぎる論を展開してるから批評をしてもらうつもりで斎藤環さん、最後に会ったことはないけど、頭の動き方が大好きな哲学者の千葉雅也さん」

「！」

「このお三方に書評してもらえないか、俺が直接メールを書くよ。エッちゃん？」

「……やばいですよ、それは。最高のお三方！　そんな新聞書評欄見たことがないです」

「だから書評ができたら晶文社の note で公開しちゃって。僕の本の書評なんか僕に興味がない人に読ませても仕方がないから。新聞って数打ちゃ当たるシステムすぎて僕には不向きなんだよね。note にアップしたら、僕の Twitter でリンクできるから。なんにせよ、今、八万人近くフォロワーがいるから、僕は八万人にだけ向けて宣伝するね。

コロナのこともあって書店回りはできないから書店は晶文社の営業の人たちにすべて任せるよ。俺は Amazon のリンクを貼って、ネットでの販売だけに力を入れるから。僕としては Amazon で二〇〇〇冊は売りたいと思ってて、それだけ必死にやるし、きっと大丈夫だから、きっと結果が出るから、その時は印税を払う期日を早めてもらえないかな？」

「わかりました！　その件も含めて交渉してみます！」

「エッちゃんサンキュ！」

と、このような交渉をしまして、無事にお三方の書評をいただき、おかげで好評で新刊は即日で重版となり、重版にするとまた広告費が出ると言うので、写真家の石川直樹くん、彼は僕の親友でもあるのだが、彼にも書評をお願いした。しかも馬鹿みたいに指を突っ込んで待っていた新聞書評よりも一〇〇倍くらい効果があった。

そして、そのたかが15万円ほどの広告費を出すのにも会議が必要で、企画を通す必要がある出版社って大丈夫なのかなって思った。もちろんエッちゃんは交渉上手だから、すべて即日でオッケーをもらうわけですが。

そんなこんなで、コロナの影響で、ほとんど足で営業というものができなかったが、僕は自分のTwitterのフォロワーの人にだけ売れればいいと完全に心を決めて、彼らのためにプロモーションビデオも作ることにした。これもまた企画を通してもらった。6万円出ました。

しかし、映像を作ってもらうのに6万円って安くないですか？ ということで、僕は同時期に音楽もやっていて、新しいアルバムが発売されるということもあって、僕のCDを出しているスペースシャワーのヒーちゃんにも「新曲のミュージックビデオの予算っていくらくらいなの？」と聞きました。

「ビデオの予算はない……最近不景気でね」

「ないんだ（笑）」

「でも恭平に12万のギャラを払うよ」

「12万だwwww（安！）」

「テヘへ」

「で、その支払いも一ヶ月後、みたいな感じだよね？」

「そうですね」

「オッケー！」

と電話で確認しつつ、別にいいですよ、不景気なら不景気で。しかし、僕には不景気という概念がない。**不景気とはつまり「お前はダメだ」と自分で言い聞かせてるってこと**なんですよ。それで僕はいつものように「大丈夫、きっとうまくいく」と声をかけました。

６万と12万で18万円。でもこれならなんとかなるかもしれない。僕は一八年前くらいに京都精華大学で講演した時に出会って、関西にくるとよく遊んでた当時学生で今は映像作家をやってる友達のタロに電話をしました。タロは普段インディーズのミュージックビデオなどを作りつつ、会社員としても映像をやっているやつだ。

「タロ」

「お、恭平さん、お久しぶりです」

「あのさ、新刊本のプロモーションビデオとニューアルバムのミュージックビデオ作ってくれない？　どっちも俺の生活をそのまま映像にすればいいから撮影は一日で終わると思うのよ」

「いいですね、楽しそうです」

「楽しいと感じる？」

「いいですよ、いつも会社で映像やってもおもろないですから。食っていくためですからね。そのビデオ楽しそうです。だって、恭平さんの依頼ってことはあれですよね？」

「そう、もちろん台本なしのタロの好きなように」

「恭平さんの仕事は、好きなことを好きなだけ、だから楽しいっす」

「だって、それが一番、いい仕事するって知ってるもん」

「そうなんですけどね、そんな依頼ってまずないっすよ」

「きっとみんな馬鹿なんだよ」

「ですね」

「で、いつもミュージックビデオっていくらくらいもらってんの？」

「6万くらいっすかね」

「10万円もいかないの？」

「稀にありますけどね、でも楽しくない仕事です」

「俺、全部タロの好きなようにして好きなだけやってもらって、18万円なんだけど」

「やらせてください」

「オッケー、じゃ、今から振り込むね」

「恭平さん、即日支払いなんでまじ神っす」

「え、そんなやついないの？」

「まずいないっすよ。みんな一ヶ月後、ひどい時は三ヶ月後とか」

「鬼やな」

「今月厳しかったんで、まじ助かるっていうか、おかげで新しいモニター買えよす」

「それあると違うの？」

「ですね、もっといい仕事ができると思います」

というわけで、タロに18万円を振り込みました。タロは言われたことをやらせるより、好きにやらせた方がいい仕事をするのを知っているからである。もちろん、言われたことをやった方がいい仕事をする人もいる。だから頼み方もその人の特性を生かせるようにやります。ま、これは当然のことですよね。

僕は仕事を依頼する時、頼んだ日に即日で全額払います。なぜならそうした方がもらった方は楽しいじゃないですか。楽しいに決まってます。かつ、もらったら、もらっちゃったら、やるしかないじゃないですか。いい仕事をするしかない。楽しいし、やるしかないという緊張感も持てる。むしろ、なぜ出版社は作家に本を頼む時に即日で全額印税を払わないのかがわかりません。もしかしたら馬鹿なんじゃないでしょうか。

いや、非難するのはやめましょう。出版社が「自分はなんてダメなんだ」と思ってしまうからです。そんなことをしても無駄です。出版社にも「大丈夫、きっとうまくいく」と僕は伝えました。そして、出版社がうまくいくためにも僕が金を集めてタロに振り込んで、いいビデオを作ってもらうことにしたのです。

もちろんタロは最高にいい仕事をしました。指定していた締め切りよりも早く、ビデオを仕上げてきました。即日で払うと仕事の上がりも早いです。いいことずくめです。だって、先に払っても後に払ってもどうせ払うんです。出版社からの6万円は早めに振り込まれましたが、レコード会社からの12万円は二ヶ月後に支払われました。でもいいんです。どうせ後でもらえるんですから。それなのに、**早く払った方が楽しい**んです。後で払っても実は楽しくない、当然なので、経済は発生しないことにも注意しておきましょう。それはただの仕事です。それは経済ではありません。仕事=経済ではないんです。

楽しい仕事＝経済

なのです。無茶簡単なことですよね。もう皆さんもすぐに理解できるでしょう。すると、うまくいきます。恩恵によってはじまったあれこれが、大丈夫、きっとうまくいくという言葉の波に乗って、どこまでも流れていきます。経済の発生です。『自分の薬をつくる』（つまり、これ古代ギリシアでの技術、自分を治す、自己への配慮ってやつですね）は発売後二ヶ月が経過し、四刷一万七〇〇〇部まで行きました。定価1650円ですから、

1650円 × 0.1（印税率10％）× 17000 ＝ 2,800,000円

というわけで、僕は二ヶ月で280万円を手に入れました。広告費は、書評代の12万円、ビデオ6万円。これは出版社が出しました。さらにニューアルバムはギャラが安かったのですが、その12万円を注ぎ込みましたので（笑）、僕の出費は12万円です。そ

れで２８０万円が手に入ったなら、嬉しいです。楽しいです。やはり経済は楽しい仕事から生まれるんです。

こんな話を聞いたら、もう誰も自分のことを「お前はダメだ」だなんて非難しなくなると思います。だって、そんなことをしても1円も稼げないんですから。稼げないことをするのはやめましょう。だって、稼げないってことは経済が発生してないってことなんです。ということは楽しくないってことです。

楽しくないことなんかして何が楽しいんですか？　もうみなさんならわかってくれるはずです。そうです。いつもニコニコ朗らかにしていると楽しくなります。でもふざけているわけじゃありません。なんでもいいよと泣き寝入りしているのに痩せ我慢で笑っているわけではありません。作り笑いは地獄に落ちます。なぜなら稼げないからです。経済が発生しないからです。経済がないってことは、世を直し、民を救うことがないってことです。それが地獄です。

経済を生み出すために、みなさんももう決して自分を否定したり、自分に文句を言ったりしないでくださいね。

今日は一〇月六日です。僕の会社、株式会社ことりえは五月が決算月なんですね。個人だとみんな一二月が決算で三月までに確定申告を済ませますが、会社だといつに設定してもいいんです。僕は四月が誕生月でめちゃくちゃいい仕事するので、四月でラストスパートして五月決算するっていうスタイルでやってます。

ということで二〇二〇年度は六月からはじまるんですね。六月から四ヶ月とちょっとが経過してます。最後に今年の僕の経済=楽しい仕事について考察してみましょう。ま、ただ僕がいくら稼いだのかってことを観察するだけです。なかなか全額を公表する人っていませんからね。何かの参考になればと思います。

＊

▼二〇二〇年六月

昨年出した『まとまらない人』という本の重版分の印税、三刷目33万円が届きました。『まとまらない人』も現在、四刷一万八〇〇〇部まで来てます。すごいことです。とにかく一人で本屋も回りましたし、全国でトークショーもしました。動けば動くほどもちろん経済は回ります。でもコロナで回れなくなっても、大丈夫きっとうまくいく方式で経済が回ることは『自分の薬をつくる』で示しました。一方『まとまらない人』はその逆で徹底して動き回るという戦法を登用しました。

つまり、僕は一つの戦法では戦わないんですね。いろんな戦法を知ってます。それを時と場合に合わせて、調整して、駆使するわけです。将棋の穴熊とかいろいろあるじゃないですか。あれと一緒ですね。

はい、僕は基本的に商売を戦い、戦争、決闘だと思ってます。

でも、戦争だったら、相手の領土を獲得するとか目的があると思いますが、経済の目的が「世を直し、民を救う」ですからね、そして、経済は楽しい仕事、なんにせよ、楽しくないと流れませんからね。目的が愉快なんです。だから面白いといいますか、人間はそうやって、戦争をしないで済ませていると言ってもいいかもしれませんね。**血を流す代わりに、お金を楽しく流す**わけです。

さらにコロナのせいで今年前半は仕事がしにくくなりましたよね。

ということで持続化給付金も申請してみました。売り上げが前年の半分以下になった月もあったからです。申請は無事に通り、株式会社ことりえは法人ですから、200万円が入ってきました。でもこれは収入と捉えられるようです。税務署ムカつくけど、もらえるのはありがたいので、まあよしとしましょう。

基本的に怒ってしまっては楽しい虫さんたちはいなくなるので、怒らないようにしましょう。闇金ウシジマくんとか見てくださいよ。あの楽しくなさそうな空気。彼らは5万円しか貸してないんです、それでとにかく利息だけで食っていくんです。暴力的に。どうしてかというと元締めがいまして、彼らからの暴力的な取り立てにウシジマくん自体もあっているからです。とにかく楽しくありません。闇金してるんだから稼いでてほしいですけど、そんな調子だからなかなか経済は回らないわけです。

毎月の連載はポパイ、熊本日日新聞、そして水道橋博士のメルマ旬報です。それぞれ5万、3万、1万5000円です。安いけど、まあいいんです。ポパイはなんかやってると楽しいからやってます。熊日は安いけど、書くと熊本人が結構読んでいるんです。ま、どちらも僕にとっては広告みたいな感じです。そして、どちらも担当編集者と話すことが楽しいんです。

あと熊本市現代美術館で展示もしましたので、そのギャララも出ました。15万円です。

講談社から『独立国家のつくりかた』八刷目も届きました。印税は10万円でした。安！　でもこの本はもうすでに七万部刷ってますから、それなりに頑張ってくれたので、労いを込めて、僕は自分で自分を褒めました。

あとはnoteで書いている記事、今読んでいるこれですね、無料なんですけど、時々流れを感じた人がお金を払ってくれます。これが16万円でした。あと三ヶ月に一回の連載、ライスという雑誌の原稿料が7万円。

ということで、

六月の売上＝290万5000円

になりました。よく頑張った！　どれも嫌な仕事は一つもなかったです！　楽しいので、こりゃ流れていくな、という経済の発生を感じた月でもありました。

パステルの絵をどんどん描きました。楽しくて楽しくて、まだ売れてませんが、きっと流れるはずだ、だって僕が楽しんでるもん、という確信が流れて来てました。

まず日本政策金融公庫というところが、保証人なし、無担保、ほぼ無利子でお金を貸してくれるということを知りました。

株式会社ことりえは無借金です。ほとんどの法人が借金があるわけですが、僕の会社は借金がありません。いつも明瞭会計、ないものは出さないスタイルだからです。

しかし、今回はわけが違います。無利子なんです。無担保なんです。保証人なしなんです。なんじゃそのやり方！　楽しすぎるじゃないか。政府も僕の経済のやり方を盗んだのかもしれません。

でも、本当のところは、なんか適当なばらまきでしょう。誰かがムッチャ儲けてるんだと思います。税金どろぼうばかりのこの世の中、むかつきますよね。でもそれでも「大丈夫、きっとうまくいく」と唱えましょう。怒る方法ではなくて、政府を馬鹿にする方法、政府と離れるやり方はきっと見つかります。

というわけで、一切、借金が必要というわけではなかったのですが、三年間は払わなくてよくて、そのあと五年かけて払っても、５００万借りたとしたら利息が30万円くらいだったので、つまり、30万円を八年後に払うということだけで、５００万円が手に入るわけです。

つまり、年間3万7500円払うだけで、500万円を八年間持つことができるんです。何かに使いたいことがあるわけでもありません。これは会社がうまくいかなかった時のための保険みたいなもんです。お金があると安心するじゃないですか。とにかく安心ってことが大事です。しかもノーリスクです。

というわけで、申請しました。電話が一本だけかかってきました。そして、二週間後に500万円が本当に振り込まれてました(笑)。本当、政府大丈夫なのか、お前は楽しすぎるじゃないかと思いました。

「躁鬱大学」という記事をnoteに書きました。もちろん、無料です。僕はいつも無料でやります。ただし、これは0円というわけではありません。本来なら僕がもらうお金をもらわないでいいよと気前よく接しているわけです。なぜならその方が嬉しいし、安心だし、楽しいからです。

はい、この時点で流れが出てきてます。経済の発生です。でも忘れないでください。僕はいつも無料と言ってますが、恩着せがましく言うように見えるかもしれませんが、大事なことなので、とにかく太っ腹で無料なだけです。この太っ腹ということが、気前がいいってことが重要です。

人類学者であるレヴィ＝ストロースは『悲しき熱帯』という本の中でこう書いてます。

どのようにして首長は、これらの義務を果たすのであろうか。権力の武器として、まず第一に、そして最も重要なのは、気前の良さである。……器用であることは、知的な面で気前がいいということである。

これは彼が調査したブラジルの未開の部族たちの首長に関して言っていることですが、僕たちは今、資本主義という、お金＝経済と勘違いしちゃった人たちがはじめちゃったままなんか面白いもんだからついつい続いちゃってる世界に生きているわけですが、そもそもお金＝経済ではありますが、それはお金以外の風経済、セックス経済、植物経済、ルンルン経済など、様々な経済がどれも健康的に流れている状態でこそ言える話であって、お金だけ経済は滅びます。

まず人が死にます。だから自殺者が多いわけです。なぜなら経済とはつまり、生態系なわけで、うまくいかないところでは空気がなくなります、窒息します。というわけで、その世界はもうまずいわけですね、だからこそ、僕は**態度経済**と名付けることで、自分の動きを元にお金経済ももちろん運営しますが、それ以外のいのっちの電話経済とか、無料原稿経済とか、即日支払経済とか、歌ってあげる経済とかを生み出して、空気を送り込んでいるつもりなわけです。

つまり、僕は小さな部族のリーダー、首長、酋長のつもりでもあるわけです。

そして、みんなもそのような酋長になってもらわないといけません。だって、その方が楽しくなるからです。それはもうみんなわかってきてますよね。

ということで、お金の学校は、まずお金についてよく知る、そして、他の経済があることも知る、そして、見つけた他の経済を蘇生できるように、酋長となって、その部族を立ち上げないといけないのです。

これは経済の語源、しかも英語の economics の語源を考えることで導き出されます。economics は oikos と nomos という二つのギリシア語から来てます。oikos とは共同体をあらわします。nomos は法です。つまり、英語の economics は大雑把にいうと、共同体のルールってことです。これが経済ってことです。つまり

経済 = 楽しい仕事 = 世を直し、民を救う = 共同体のルール

ってことです。なんとなくつかめてきましたか?

経済っていうのが、共同体のルールなんです。

つまり、今の世の中は共同体とは何か?と言われたら、お金でしかつながってない関係ってことです。会社に行っている人、考えてみてください。隣の席に座ってる上司と一緒にお風呂とか入りたいと思いますか? まったく思わなかったら、ヤバイです。あなたが属している共同体のボスとはお風呂に入って楽しくワイワイやるべきなんです。そうやって楽しく、仕事をやると、きっとみんなを助けることになりますから。

今はダメです。なんもかんもお金を稼ぐシステムの中に入ってしまってます。人間関係もお金を稼ぐためにやっているだけで、プライベートじゃ会いたくないやつと一緒に仕事している人はみんなを助けることができません。わかりましたか。一緒にお風呂に入れないやつとは仕事をしないと決めていくしかないんです。だって、そうしないと楽しくないいんですから。みんなを助けられないいんです。

お金の学校で学んだみなさんには、新しく自分なりの経済を立ち上げてもらうんです。

つまり、経済=共同体(のルール)なんですから。

困ったら、古代ギリシアに戻って考えましょう。たいていの都市国家で起こる問題はすでに古代ギリシアで発生してます。そこで起きていることが、そのもっと劣化版が今起きているだけです。

その当時、天才たちがいました。ソクラテス、プラトン、アリストテレスなど、彼らは必死に考え、いろんなアイデアを生み出してます。古代ギリシアに戻ることはファンタジーではありません。実戦に一番有効な戦術を教えてくれる最高のやつです。ググってる場合ではありません。インターネットには何一つ実戦に使える情報はありません。古代の本を読みましょう。


僕は一体、なんの話をしているのでしょうか。売上報告だけのつもりではじめたのに、今は神殿の中にいます。どうしますか？　続けますか？

続けましょう。こうなったら、とことん書いちゃいましょう。疲れた人は休憩してください。今日の講義はまだまだ続きます。僕もとりあえず一回、タバコ吸ってきます。

＊

僕ははじめ、経済＝「大丈夫、きっとうまくいく」と自分に声をかけることとお伝えしましたよね。

自分です。みんなに、声をかけることではありません。自分を治すことなんです。世を直し、民を救うじゃなくて、自分を治し、自分を救うじゃないかとクレームがきそうです。お前結構稼いでるじゃないかと。

ところが、古代ギリシアではまず自分を治す、ということが共同体にとって一番重要であると考えられてました。ソクラテスも「常に自分に配慮せよ。自分を救いなさい」と言い続けました。結局、彼は共同体に殺されたわけですが。

自分を救う＝経済＝民を救う＝共同体のルール

というわけです。変だなと思う人もいるかもしれませんが、自分だって、実は共同体なんです。自分という体はいくつもの感覚器官、内臓、血液、筋肉、骨、細胞の集合体です。そうやって考えてみてください。**一番最初に実践することができるのが自分の体**、というわけです。ここも大事なところですからね。頭に入れておいてください。

経済とはまずは自分を救うということである。

そうすることで新しい共同体の気配に気づくことができる。

そしてその共同体の酋長として生きることを選択する。

それが経済である。


という感じです。だから酋長とは何か？　についても考えていく必要が出てくるわけです。

そして、酋長とは何よりも、気前がいい、ってことです。そして、器用とは、知的な面で気前がいいってことなんで、つまり、気前がよくムッチャ器用なやつ、ってのが酋長であり、それが次の経済そのものってことなんです。

そこに流れが発生します。お金ももちろん流れていきます。

お金だけでなく、素敵なアイデア、可愛い女の子、感じがいい服とかも流れ込んでいきます。気前が良くてムッチャ器用っすね、と褒められるということは「**お前ってまさに経済だよね、お前ってまさにお金だよね**」って言われているようなもんです。

あなた自身が流れになってる。

歩けば、それがたちまち経済になる。

そんなイメージです。いい感じでしょ？　イメージだけでもしといてください。そし

6
経済＝「大丈夫、きっとうまくいくよ」と自分に声をかけること

て、僕が常に肝に銘じていることもまた「人から、お前気前が良くてムッチャ器用だねと言われるように生きること」です。

僕、気前がいいんです。それはわざとです。僕、器用なんです。なんでも作れます。できないことはありません。これもまたわざとなんです。だって、その技術さえ磨けば、経済になるんですから。コネも資本も広告も何もいらないんです。気前がよく器用であること。これさえ磨けば、あなただってたちまち経済に、つまり、お金になるというわけです。磨くコツは簡単です。実践すればいいんです。

どんなこともいつも無料で人々に提供し、即口で振り込んであげて、みんなになんでも作ってあげたらいいってことです。しかも、躁鬱病だった僕は、その行為自体が自分を治す行為でもあったのです。治療そのものでした。自分への治療が経済、すなわちお金だったんです。

さて、次へ進みましょう。

noteで「躁鬱大学」を無料で公開したことにここまでの意味があったのだ、ということを僕は長々と説明してしまいましたが、大事なところなので仕方がありません。

僕はこの学校では一切の手を抜きません。僕が知っていることすべてを余すことなくあなたたちに伝授したいと考えているのです。

ここから先は有料です、みたいなケチなことはしません。新聞社はすべてあの記事を無料にすべきです。なぜならそんなことではお金が回らなくなるからです。つまんない酋長にならないでください。いつも太っ腹でいきましょう。

だから僕はいつも無料です。いいんです。きっとあとからお金はついてきます。

好評のまま連載が終わりました。三五〇枚をすぐに書き終わりました。文芸誌だとすると、一枚5000円です。

350枚 × 5000円 ＝ 1,750,000円

175万円ですよ！　それを一気に無料で公開したわけです。

でも大丈夫。気前がよく器用に二〇日間で三五〇枚書くってことは酋長ってことですから、経済が発生してます。その時点で。

僕は最終回の後、謝恩会を企画し、その最後に、その当時開催中だった、コロナ中の

山梨での絵の個展のネットショップをリンクしておきました。流れを感じた人は、経済を感じた人は、ぜひ絵を買ってください、と一言だけ言い添えておけば大丈夫です。「大丈夫、きっとうまくいく」、もちろんその時も僕はこの言葉を自分に言い聞かせましたよ。すると、どうですか、あれよあれよと言う間に２６５万円分の絵が売れました。ギャラリーに3割払うことになってますので、気前よく払って、すると、どうでしょう１８５万円になりました。１７５万円分、本来ならそれをもらうはずのお金を捨てて、無料でみんなに読ませて、１８５万円を獲得したんです。

　これぞ経済ですね。流れを感じてくれた方々との共同体が一時的であろうとも発生したわけです。**一回発生した共同体は実はいつまでもいなくなりません。**ここも忘れないようにしてくださいね。だからこそ、気前の良さは持続させた方がいいんです。

　もちろん器用も忘れないように。どちらか一方だけではダメです。なぜならどちらも同じことだからです。**物理的な気前の良さ＝無料、知的な精神的な気前の良さ＝器用**ってことですから。どちらも気前がいいってことに変わりはないんです。気前がいいってどういうことですか。なんでもへっちゃら、ってことです。気持ちいい男ってことです。清々しいやつです。丁寧でかつ上品である必要もあります。

　ま、あんまり難しく考えなくていいですよ。どんな局面でも気前よくしていようと心がけることは簡単です。いつでも自分が払うつもりで、生きていけばいいんです。お金がなくてもそれはできるんです。払うつもりで生きればいい。あるものは全部払えばいい。お金がないのに、全額飲み代を払ってあげる奴が僕は大好きです。困ったらいつでも電話しろ、いくらでもお金はあげると伝えてます。

あ、ここでひとつ。**人にお金は貸さない**ように。それは縁の切れ目になります。だから、お金はすべてあげてください。あげたら、縁は切れません。強く結びつきます。簡単です。貸すって元に戻すってことでしょ。これは気前がいいには入りません。自分の財宝をいくらでも人に渡すって精神こそが、気前がいいんです。だからお金はあげましょう。貸しちゃダメです。

あと「躁鬱大学」を読んでくれた方が、パステルの僕の絵を買いたいと声をかけてくれました。でもまだ展示はしてませんので、売れません。そう伝えたら、一枚の絵が忘れられないので、買いたい、50万円払うから予約だけしておいてくれと言われました。

その人はその絵が好きなんです。好きなものを好きということに、僕はすべての神経を注いでますから、心が揺れました。売りましょう！と僕はお伝えしましたところ、彼女も即日で50万円を振り込んでくれました。これが酋長同士のやりとりです。彼女も僕の経済に心地よさを感じた、そして、僕も彼女の即日支払と金額設定に心地よさを感じた。こうすると、いい交換ができます。

これが**経済の循環**です。流れを元にして発生した経済は、他の場所で発生した経済と交換をし始めます。経済自体が流動していくんですね。そうなると、もっと大きな経済の予感がしはじめます。パステルの絵はムッチャ売れるのかもしれない、と僕はさらに確信を大きくしました。

というわけで、

500万円＋185万円＋50万円＝735万円

七月の売上＝735万円

六月もすごかったのに、七月もすごかったです。

世の中はコロナで大変でした。しかし、独自の経済は世の中の不景気とは逆行します。

なぜならみんなはお金のことばかり考えて、大丈夫きっとうまくいくよって言葉を忘れていたからです。だからみんなもどんなに窮地に陥っても「大丈夫、きっとうまくいくよ」って自分に言い聞かせるのを忘れないようにね。

きっと稼げるから。僕が証明しているつもりです。それが酋長の仕事です。楽しい仕事です。民を救いたいです。それが僕という共同体のルールです。おかげで収入もありますし、寿司も食べれますし、どんどん健康になるってわけです。病院なんか行くわけありません。すべておさらばしました。

おいちょっと待てよ、お前5００万円は借金だろとおっしゃる方もいるかもしれません。しかし、僕は借金は手をつけないんです。ミツマサ34世と同じやり方です。我々は貯蓄にしか興味がありません。お金を使うことにはまったく関心がないんです。

税金は取られますが、それがもったいないからと言って経費を落とそうとＢＭＷのいい車を7００万円で買ったりしません。僕はラパンです。しかももらったラパンです。0円です。僕は貯蓄にしか興味がありません。何億円も貯蓄します。それで僕は34世に負けないくらい、何にもしなくても、今のまま人助けを無料でバンバンできる生活の安定を生み出したいからです。

今のところ僕は坂口恭平10世くらいです。今の調子をあと一〇年間は、たとえ仕事が明日からなくなったとしても続けることができます。だから、みなさんも頭に入れておいてくださいね。借金しても使うな、手をつけずに貯蓄しとけ、ってことです。それは収入になるんです。3万円の手数料が一年に一度、八年間かかりますが、どうってことはありません。

では八月に行きましょう。二ヶ月で1000万円を超えました。いい感じの貯蓄ペースです。いのっちの電話もバンバンやれます。誰にも金くれとか言わないで、誰かに援助を求めるみたいなダサいこともやらなくてすみます。それって酋長がやることじゃないでしょ。だから経済は生まれません。人に文句言う暇があったら共同体を作れ、ってことです。忘れないように。楽しくないとダメなんです。

▼八月

八月もまた一枚、15万円で絵が売れました。

先月の酋長です。絵が気に入って、また振り込んでくれたんです。今度は正規の値段を僕は伝えました。前回は50万円と向こうの気前の良さに圧倒されましたが、今度は正規の値段、つまり、他の人にも伝える値段を決めました。一枚の絵を描いて、いくらだったら嬉しいかってことを考えるんです。僕の絵はポストカードくらいの小さな絵です。一日に二枚は描けます。

8万円だったらどうかな。三割は僕と付き合ってるギャラリーにあげます。ということは5万6000円です。一枚描いてそれだとあんまりテンション上がらないなあ。そんな簡単なリアクションで十分です。

いつも自分に聞いてみてください。10万円だと7万円。うーん。一枚売れたら、10万円以上入ると嬉しいな。じゃ、額装までしてあげて、でも15万円にしたらどうかな。10万5000円です。うん、なんか嬉しい。ということで、絵の値段を一枚15万円にしました。20万円にはしませんでした。もらい過ぎの感じがあったからです。

大事なことは、これが**新しい独自の自分の経済**ということです。

だからもらい過ぎは気前がよくない作業ですし、バランスが崩れます。そこは厳密にしてください。どれくらいだと足りないのか、どれくらいだともらい過ぎなのか、自分に聞いてください。自分を治すようなつもりで自分に聞いてください。

値段も自分で決めるんです。当然です。それが経済です。経済とは全部自分で決めるんです。あなたの共同体のルールなんですから。だから嘘ついたり騙したりするのはダメです。全部明らかにすべきです。だから僕も今、すべてを明らかにしようとしているんです。

リトルモアから『まとまらない人』四刷目の印税が入りました。NHKあさイチで取り上げられたこともあって八〇〇〇部も刷ってくれたんです。初版分よりも多いです。しかもあさイチで取り上げてくれたディレクターは、なんといのっちの電話で昔助けた亀、いや人です。もうここにも経済が起きてますね。とにかく人は助けましょう。それが経済を生み出す鉄則です。

お金のためにやっているわけじゃありませんが、結局はその方がお金も入ってきます。あさイチのギャラは安いです。5万円ももらえなかったんじゃないかな。でも気にしません。あさイチのおかげでいろんな人に僕の考えていることを伝えられるからです。

Amazon総合ランキング二位まで行きました。初めての快挙です。おかげで132万円も入ってきました。

さらに山梨のギャラリーが追加で60万円分の絵を売ってくれたとの報告もありました。もう皆さんありがたすぎます。感謝してもしきれません。そういう時はとにかくいのっちの電話をするんです。みんなが助けてくれてます。僕も自分にできることを徹底的にやります。

自分に何かできることありませんか?と聞いてくる人がいますが、それではダメです。

自分にできることは、必ず自分で考えて自分で生み出してください。誰を助けるか、それを自分で考えるんです。人任せにすると、会社で利用される人になります。自分にできることは自分で生み出すこと、これは鉄則です。

だから、僕はいのっちの電話を自分で作り出して、自分一人で黙々とやっているんです。周りから恩恵があると、いつもこの自分にできることに戻ってくればいいんです。そして、いのっちの電話に邁進する。大丈夫です。自分で始めたんです。だから一番自分がやった方がうまくいきます。

さらに新刊『自分の薬をつくる』が発売されました。晶文社には営業を無茶苦茶頑張るので、印税をすぐ支払ってくれとお願いしました。印税を払うのは遅いのが出版社の慣例ですが、それを僕の慣例、つまり、即日支払に近づけるために「**交渉**」するのです。

常に交渉してください。セックスだってそうです。性交渉というくらいですから。妻とだけやるみたいな単純なことではないのです。そんなところには経済は生まれません。いつもやらせてくれる人だからと安心しきってはダメです。常に交渉してください。油断しちゃダメです。慣れたら終わりです。常にドキドキワクワクの世界に連れ込んでください。

そのための交渉です。セックスのことではありません。印税のことです。ま、どっちも一緒です。交渉の結果、というか、僕は発売前から無茶苦茶宣伝してましてて、Amazonの予約がとんでもないほど集まりました。これは紛れもなく僕だけの手柄です。それを武器に出版社と交渉しました。無事に即100万円が振り込まれました。グッジョブです。

そして、とうとうパステルの絵を売り出す時がきました。

経済はすでに起きてます。個展はやるけど、コロナだったので、観にいけませんので、ネットでも売ることにしました。なんと一日で二万人もネットショップに来てくれました。最終的に620万円売れました。いつもならギャラリーに三割払うところですが、二割にしてくれと交渉しました。

だって、来てくれた二万人のお客様は僕のTwitterから流れていたことがネットショップだとすぐにわかるからです。やはり流れです。流れを伝えたら、向こうも納得せざるを得ません。というか、僕のギャラリストは非常に有能でこれまた酋長なので、彼から二割でいいと言われました。ということで、620万円の八割ですので、496万円です。

八月の売上＝15＋132＋60＋100＋496＝803万円

なんと803万円になりました。流れが起きてます。九月も二つのギャラリーでの展示で140万円ずつ、さらに講談社から新刊が出ましたので100万円ということで、140＋140＋100＝380万円。となると、今期四ヶ月目で、

六月〜九月の売上＝290万円＋735万円＋803万円＋380万円＝2208万円

となりました。しかも先日話しましたが画集のプレミアム版と印税合わせての550万円がありますので、合計で2758万円となってます。

これがそのまま僕がこのまま活動していく上での貯蓄になるわけです。

何も僕は買ってません。車も家も服も必要ありません。全部作れますし、畑もやって

ます。自分の水準が上がりすぎて大変なことになってます。どんな商品を見ても、自分が作ったものの方がいいと思うようになってしまいました。どんな高価な食事よりも、僕が自分で作った野菜で作ったサラダの方が美味しいんです。そりゃそうです。生活の水準は一切変更ありません。むしろ、もっと下がってます。買う必要があるものがどんどんなくなっているわけですから。

そうなると、僕はもっと自分の経済をぶっ飛ばせるようになります。誰からもお金なんか貰わなくてよくなるのです。そして、好きに自分の思う通りの経済を突き通せます。金で買収されません。テレビなんか出なくてもいいんです。宣伝なんかしなくていいんです。全部自分で宣伝した方が楽しいです。

とにかく人からコントロールされることがありません。人におねだりすることもしません。人にお金はどんどん即日支払いできるようになります。昨日もいのっちの電話にかけてきた二人の払えなくなった家賃を支払いました。二人で12万円です。余裕で払えます。

僕は自分の共同体の民たちを救う気でいます。だからお金の学校も一円も払わなくてもいいんです。それなのに、もう七三名の方が払ってしまってます。ありがたいです。

経済とは流れです。流れが起きて、それが楽しく心地よいものであるならば、止まるこ

とはありません。だからこそ、常に交渉し、常に、心地よくするための環境を整えていく必要があります。でもその作業こそ、一番楽しい作業なので、もうどうにも止まらないのです。

あなたもぜひ自分の経済を生み出してください。そして民を救ってください。

大丈夫、きっとうまくいくよ。

7

頭の中（お花）畑だよねぇあんた

お金の学校がはじまって一週間が経ちました。

どうですか？　楽しいですか？　楽しんでくれてるといいなあと思います。楽しんでないと頭に入りません。楽しんでないと意味はないとはいいませんけど、でも体に入ってくるものが全然違いますから、疲れてるなあって時は、しばらく休んでから読んでもいいかもしれません。

とにかく自分の調子がいい時に勉強してみてください。ほんと全然違うんですよ。つまり、やりたくない仕事は効率が悪いんです。単純なことです。楽しくない仕事よりも、楽しい仕事の方がうまくいきます。当然のことです。だから結局のところやりたくない仕事、つまり、**楽しくない仕事はやらない方がいい**んです。

それよりも生活保護を受けながら、大好きな詩を書き続ける方がいいんです。詩はお金にはなりません。しかしだからといって経済ではないとは断定できないんです。もう皆さんならわかりますよね。お金の学校はお金を稼ぐことを教えるわけではありません。

お金とは何かってことを考える場所です。お金とは経済です。でも数多ある経済のうちの一つなんです。

お金のことについて考えていくと、その他のいろんな経済に気付いていくことができます。僕がこの学校で示したいことはむしろそっちの経済についてです。

他の流れです。それがあなたの経済になるんです。もちろんそれは経済なんですから、すぐにはお金には変わらないかもしれませんが、いずれお金の方にも流れは波及していきます。**コツは、楽しくない時間を経済にしないこと**です。やりたくないことはしない。この学校でずっと言い続けていることですが、理由はそれではお金が稼げないだけでなく、他の経済の流れも堰き止めてしまうからです。

やりたくない仕事は即刻やめてしまいましょう。

貯金でしばらく過ごしましょう。そして、じっと流れを眺めてみましょう。静かに何もしないでいる時間があるでしょ。そのときこそ、流れに耳を澄ませる時です。貯金がない人は、すぐに役所に行きましょう。生活保護は13万円くらいもらえるようです。自治体によって違うようですが。つまり、月収13万円以下の人は即刻生活保護をもらおうということです。

ベーシックインカムを導入しろだなんて言ってますが、ある意味もうベーシックインカムを導入しているようなもんだと考えてみてください。社会保障の金額がかさんで日本が破綻するだなんてあり得ません。軍事費に5兆円使っているような国です。気にせずどんどん役所に行っちゃいましょう。

それよりも大事なことがあるからそう言っているんです。

それが経済です。

やりたくない仕事をいやいややる。これが一番経済ではありません。流れにちっともなりません。楽しくないから誰も喜びません。そもそもそんなところに人が集まりません。行き来しません。そんな会社必要ありません。当然業績も芳しくありません。無理すると絶対に体を壊します。なぜなら流れてないから。

血流のことをイメージしてください。血流が悪い人は倒れます。無理すると体を壊します。しばらくはいいですよ。でも永続的ではありません。いつか倒れます。いつかその会社は潰れます。潰れないように借金、つまり、一時的に元気になる薬を注入したところで無理なものは無理ってことです。

たとえば芸術家で絵が売れなくて食べれなくて、バイトを掛け持ちで色々やって体がもたなくなって死にたくなっている人がいるとします。

その人は最終的に芸術を辞めて、やりたくもない仕事に就職して、それで手取り20万円とかもらって、どうするんですか？ それの何が楽しいのですか？ 結婚して子供ができて、だから仕方がないんですか？ お金が必要だから、芸術なんかやっていても仕方がないんですか？ 楽しくなくて、生きる喜びが減って、もしくはなくなって、一体、何が楽しいんですか？ もっと楽しくなくなるのが分かりますか？

楽しくないとお金が手に入らないようになっているんです。なぜだか分かりますか？ 別にこれは国家の陰謀でもなんでもないんですよ。人間の法みたいなものです。楽しくないとつまらないからすぐみんな飽きてやらなくなるでしょ。あれですよあれ。楽しくないと、人間にとって不利益なんです本来。

だから、うまくいかないようになっているんです。それは人間が生き延びるためですよ。ということはつまり地球が生き延びるためですよ。もっと宇宙の視点に立って物事を考えましょう。楽しくないと経済にならないようになっているのは、地球が生き延びるためなんです。

なんだか頭の中がお花畑の人みたいな考え方だなと思うでしょう。

そうです。僕は頭の中どころか、畑もやってますから、頭の外もお花畑です。お花が咲いたら、ハチがきます、蝶々がきます。葉っぱにはバッタがコオロギが、その虫を狙ってクモさんが巣を張ります、そんな虫たちを野良猫たちが鋭い爪でやっつけます、そして、僕がやってきます。葉っぱは程々に食べられていて、でもそこまでひどくない、僕の足音を聞いた虫たちはいなくなります。ハチは、蝶々はいなくなりません。僕が何もしないと知っているから。むしろ僕が感謝していることにも気付いているからです。

気付いたら畑の話になってましたが、畑の中では経済がぐるぐると回り回ってます。流れてます。いい感じです。心地いいです。何よりも楽しいです。お花畑です。

お花畑っていうと、すぐ、天然の女の子でいつも明るく楽しいことばかりしている人を揶揄する言葉みたいになってますので、言葉は常に立ち返りましょう。お花畑を、畑に変えてみてください。

「頭の中お花畑だよねあんた」

←

「頭の中、畑だよねあんた」

たったこれだけでなんかいい感じになります。

なんかふかふかの土があって、ミミズがいて、動物の死骸があって、ウンコがあって、根っこがあって、上に登っていくと、地表が見えてきて、茎が伸びて、ジャックの豆の木みたいに登っていくと、葉っぱがあって、葉っぱの上に大粒の水滴が太陽の光を反射してます。大きな葉っぱの影の下にあなたはいます。

アリたちが行列をなしていて、アブラムシがいて、てんとう虫がそれをそのまま食ってます。踊り食いです。バッタは葉っぱの中で寝転んでベッドみたいにしながら、そのベッドをムシャムシャ食べてます。なんか考えるだけでヤバイですね。楽しいですね。愉快ですね。何よりも行き来が激しそうですね。

ペンギン村（『Dr.スランプ』の）みたいな感じもあります。平日の昼間から働かずにチョコレートのベッドで寝ながらチョコレートベッドを舐めながら、また二度寝しているあなたがいます。心地よくないですか？　そんなふうに過ごしていても、ちっとも葉っぱはなくならないんですよ。むしろ、どんどん繁茂します。大事なのは太陽が照っていることです。気持ちいい空気、そして、時々いい感じに雨が降ってくれたら、それでいいんです。それ以外に何にも要りません。

畑はやはり経済です。

無理のない経済。

というか、ペンギン村みたいな経済。一生心配ないよって背中に手を当ててもらっているような状態です。

そんなところで誰が嫌な仕事しますか？　ペンギン村にそういう人がいますか？　嫌々仕事している人。畑にはいやいや仕事をしている人、虫、動物はいません。野良猫はいつも昼寝してます。もちろん、時々は爪を立てて、しっかりハンティングしてますよ。でも虫を食べるわけではありません。

僕がちゅ～るを持っていくのを知っているので、安心しきってます。ちゅ～るが好きなんですよ。そんな僕も畑という自然の中の自然の一部です。ちゅ～るは人工物だから？　そんなの関係ありません。畑は人間が勝手に作った生態系だろう？　そんなの関係ありません。植物たちはそんなことも織り込み済みです。

植物たちは僕たちが雑草を引っこ抜くことだって知ってます。でもその時に人間にくっつくことができます。種子をまた全然知らない別の場所に持っていくことができます。人間がいるってだけで経済だと植物は知ってます。

しかし、人間はそのことをまったく知りません。人間は自分自身、人間一人一人、しかもよく道草をするようなボーッとしているあなたが経済であることを知らないのです。でも植物は知っているのです。なぜでしょうか？　わかる人いますか？

なぜなら**植物は自分自身が経済であることに気付いている**からです。

ここ大事なところです。植物はなんのために生まれてきたのかなんてことを悩んだりしません。そんな無駄なことをまったくしないのです。いのっちの電話ではよく「なんのために生まれてきたのかわからない、だから死ぬ！」と言います。

ただ彼らは何も知らないだけなのです。だから教えてあげたらいい、なんで生きているのかを。しかし、死にたい、と考える人がみな実は何も「知らない」だけなのは興味深い考察です。知る、といいんですよ。何を？　簡単なことです。**あなた自身が経済であること**を知ればいいんです。

もう一度おさらいしましょう。経済ってなんでしたっけ？　お金でしたっけ？

もうみなさんなら暗記してそらで言えると思います。

経済＝自分を救う＝民を救う

＝共同体のルール＝楽しい仕事

＝「大丈夫、きっとうまくいくよ」と自分に言うこと

今まで伝えてきたことを全部並べてみました。まとめるとなんでしょうか？

自分を救ったり、みんなを救ったりするのが決まりで、なんと言ってもその仕事は楽しくて、きっとうまくいくもの、ってな〰〰〰〰んだ？

答えは簡単です。

なんかいいね、ってことです。

いい感じ、ってことです。

調子いいね、ってことです。ルンルンってことです。嬉しいってことです。つまり、幸福ってことですよ、きっと。僕はそう答えます。

頭の中がお花畑になってきましたね！　まさに！　でもお花畑とは農家は言いません。畑と言います。

畑＝経済＝幸福

ってことです。だんだん相対性理論のE=mc^2みたいに超シンプルな数式になってきましたね。うんうん、いい感じ。あ、ここにもまた経済というお花が咲いてます。そんなこと言ったら、僕なんていい感じの塊です。僕は人間国宝ではなく、人間経済です。僕は経済なんです。あ、申し遅れました。わたくしの名前は植物です。わたくしは植物太郎です。

そうです。**植物は自分が経済であることを知っている**んですよ！

これ結構ヤバイ話なので、メモっといて。

植物は自分が経済であることを知っている。一方、人間は自分が経済であることを知らないんです。もう困ったものです。その挙句「私はなんのために生きてるかわからない」なんてことをぬかす、いや、失礼、嘆いてしまうんです。いやはや！

＊

植物はなんで自分が経済であることを知っているんでしょうか。

簡単なことです。**一人じゃない**からです。

植物がどこかに生えると、というか生える前から植物はすでに土の中にいまして、その時点で一人じゃありません。土がベッドです。

しかもそのベッドはシーツ自体から栄養が漏れてきて、体の中に直接入ってきて、そのまま種を成長させてくれます。土の中には一つだけでなく、まだ人間が知らない栄養素まで、あらゆるものを含んでまして、その時点でもうすでに数千人に囲まれているっていうか、たぶんもっとですよね、見えない微生物もいますから、もちろんみんなが嫌いでマスクしたり除菌したりして、どうにかこうにか殺そうと必死になっているあのウイルスたちもたくさんいます、マスクの目より小さいウイルスもたくさんいるよ、消毒液をたくさん手につけちゃってるけど大事な菌も死んじゃうよ、一見清潔な世界はかえって人間が生きづらい世界になってるよ、って植物は思っているのかどうか知りませんよ、でも、植物はとにかくたくさんの微生物、ウイルス、死骸、それらも全部彼らにとっては栄養素、仲間でありながら自分を成長させてくれるものであると完全に知覚してます。

そんなわけで、財宝の塊みたいなもの、そこに群がる人々の気配を常に感じながら、つまり、自分が宝であることに気付いているわけです。生まれながらにそうなんですから。植物には両親なんていません。でも周りにたくさんの違う生物たちがいて、その生物たちに囲まれて生きているんです。

孤児ですよ。でも周りの応援を毎日精一杯受けて生きてる。だから、前向きなんです。いや植物は後ろ向きになったり、斜め向きになったりと落ち着きがありません。でもどちらも全部、アリさんがやって来るので、どんな方向に育っていても自分を否定しないんですね。一方、すぐ自分を否定する人間たち。

「大丈夫、きっとうまくいくよ」という言葉、地獄の底だと勘違いしていたこの僕を救ってくれたこの言葉は実は植物たちに教わった言葉なんです。

だから大丈夫、きっとうまくいくよ、って別に慰めの言葉じゃないんですよ。慰めの言葉として決して使わないでくださいね。そんな嘘っぽい言葉は要りません。

僕たちに必要なものは本当の言葉です。

真理の言葉です。

好きな人に好きっていうくらいに本当の「大丈夫、きっとうまくいくよ」なんです。

つまり、真実なんです。

なぜなら、植物は自分自身が経済であることに気付いているからです。だから、枯れそうになっても、植物は決して、決して、決して、諦めません。決して、です。

人間ってなんですぐ落ち込むんですかね。何かがうまくいかなくなっただけで、たった一つの失敗で「お前はダメな人間だ、お前は育ってきた環境が悪いし、頭も悪いし、人付き合いもへただし、仕事もうまくいかないし、お金もないから死んだ方がマシ」だなんて言って、自分を責めてしまう。

植物は怒ってますよ。いや、違います。植物は怒らないんです。すみません、怒ったのは僕です。坂口恭平です。せっかく植物に怒らないコツを教えてもらったのに、また失敗しちゃった。でも大丈夫、きっとうまくいくから。

もう僕は自分を決して否定しません。ちょっとした言葉で「いやいや、私なんて」とか言いません。「君、可愛いよ」と言っても、世の女性はみんな「いやいや、私よりももっと綺麗な人がいますよ、私ってブスですよ、ブス」ってなんで言うんですかね。自分を否定してしまう。それが謙遜と思っているんですかね。そうじゃなくて「え！　とても嬉しいです」と言えばいいんじゃないですかね。

僕なんかいつも「頭も良くて、いい感じですよね」と言われたら「どうもありがとう！」と元気溌剌に言いますよ。植物に教えてもらったことです。

だから今日は僕が植物から教えてもらったことをみなさんにも教えますからね。今日からやり方をすべて変えてくださいね。

なぜかって？　そのままじゃお金が稼げないからです。お金を稼ぐことが嫌いですか？　それなら、今のまんま「いえいえ私なんてブスですよ」と言い続けてもいいです。僕は嫌だけど、怒りません。植物に教わりましたから「人は必ず後で真実に気づく」ってことも。だからゆっくり待ってればいいんです。

子育てだってそうです。

「こうしなくちゃいけないのよ！」とか教えても子供は変わりません。「大丈夫、きっとうまくいくよ」と言って、何にもそれ以上は言わずに、近くにいてあげたら、子供は何事もすべてを達成してしまいます。

こうしろ、とどこかの芽を摘んだり、勝手に自分の思う通りにするために、ツルを強引に伸ばしたい方向にくくりつけてもうまくいかないどころか、そこだけ枯れます。植物はすぐに自殺します。そうやってこちらが意図的に自分の稼ぎのために動くと、すぐ植物は集団自決するんです。だって、楽しくないからです。

つまり、人が自殺する理由も「楽しくないから」です。楽しかったら、誰も死にません。子供だってそうです。楽しかったら、すくすく育ちます。楽しくなかったら、自殺します。簡単なことです。でも誰も気付いてません。知らないんです。つまり、自分が経済であることに気付いてないからです。

＊

僕は子供が二人います。

小六の坂口アオ、そして小二の坂口ゲンです。僕が二人に教えるのは、植物に教わったことだけです。つまり、あなたが経済である、ということだけです。つまり、一人じゃないんだよ、ってことです。

一人では経済にはなりません。経済とは常に複数である、ということは真理です。植物は一人の人間と同じなんですが、一本の茎は常に複数です。どこにも伸びていきます。私はピアニストになりたいから、ってピアノだけ練習することなんか絶対にしません。イチローとか藤井のちの名人とかは植物の世界にはいません。

でもダヴィンチはいます。平賀源内はいます。南方熊楠はいます。まず経済は複数である、ということを忘れないでください。それはただ、一人じゃ経済ではなく、二人から経済が始まるというわけではありません。有象無象が集まっても何にも経済は起きません。そういうことではないのです。

一人じゃないんだよ、っていうことは、**あなた自身はいくらでも分裂できる**んだよ、ってことです。あなたが複数だよ、ってことです。

これが経済の基本です。

植物はどこにでも伸びるし、そのどの方向でもそれぞれに好きなように伸びていきます。これを僕の仕事で当てはめると、僕は、本も書きますし、絵も描きますし、歌も歌いますし、陶芸もしますし、ガラスも吹きますし、織物もしますし、セーターも編めますし、革靴も自分で作っちゃいますし、畑もやりますし、その野菜で料理も作りますし、いのっちの電話もします、セックスもしますし、経理もやります、スケジュール管理もしますし、セックスレスの夫婦の問題を相談してきたその妻のことをいやらしい目で真剣に見つめながら相談に乗っている最中についつい触りそうになり、これほど素晴らしい奥さまと結婚できている旦那さまが羨ましい、あなたに替わっていますぐ私が交わりたい、と伝えると、旦那さまは「なんだお前は！」と怒って、妻の手を引き「なんて男に相談しにきたんだ、あいつはただの寝取り男だ、もう帰る」と言って帰っていきました。

後日、その妻から連絡が来て「セックスレスが解消されました」とのこと。

いや、こんなことは子供には言えません。いや、言えます。なんなら伝えます。真実を伝えるのです。いや、今はそんなことを言いたいわけじゃなくてですね、**僕が複数ってこと**を言いたかっただけです。

いけませんね、ついつい僕はサービスをしすぎてしまいます。なぜなら経済だからです。どこからも流れてきて、どこにでも流れていく、行き来が激しいってことですね、人が虫が思考が直感が愛の香りがからだじゅうを行き来しちゃってます。

ペンギン村です。楽しいです、楽しいでしょ？　楽しくないですか？　こんな無料の学校があったら毎日行きたいと思いませんか？　みんな生活保護受けながら通ったら、もう一生卒業したくないって思いませんか？　僕はそう思います。

一生、お金の学校校長として、半裸で全裸で真面目にお金について語りながら、みんながビキニ姿で、なんなら、自分の裸体に自信があってそれが経済だと気付いた優等生マサコはもういつも全裸でそれを誇っている、みたいな学校、生徒数が半端なくなると思うんですよね。

マンモス校になるんじゃないかと。マンモスってすごいですよね。マンモス校もすごいですよね。僕も中学生の時は一五〇〇人いましたね。生徒の数が。ヤンキーもいましたし、妊娠した人もいましたし、なんかフリースタイルでしたよね。そこで僕は学年トップの秀才でした。かつ、煙草やシンナーやったり、学校でひどい悪さをしている友達たちのお世話、と言いますか、一階では母ちゃんがボロボロ煎餅食べてテレビ見てるので、そのヤンキー息子とヤンキー仲間と母ちゃんの間の緩衝材みたいな仕事、もうこれはれっきとした仕事だったと思うんですが、報酬は0円でした。

むちゃ簡単に言いますと、子供たちには何でも屋であれ、って言ってるんですね。ヤバすぎるくらいシンプルに言えましたね今。別に二人ともなにか習い事に行って得意なことをぐんぐん伸ばしているわけじゃないですよ。二人とも習い事ゼロですし、行こうともしません。塾とかも行こうともしません。

しかも、ゲンに至っては、友達が「ゲンくんあ〜そ〜ぼ！」って家を訪ねてきてくれたのに「いや、今日はゲームを一人でやりたいからやめとく！」って素直に断ったりしてる人です。すごすぎです。そんな素直にどうしたらなれるんですかね。小学生の時、僕は友達の誘いを断れたことがありませんでした。肝っ玉座ってます。好きなことしかしないという精神に満ち溢れてます。惚れ惚れします。すげーなと思います。

一方、アオはよく人に気を使うとても心の優しい子です。だから一人でいると落ち着くんだと思います。友達とは学校で仲良くしてれば満足みたい。

アオが学校行きたくないって時があったんですが、その時、僕は学校にはいかなくてもいいんじゃね、でも、それなら、俺と同じ状態じゃね、つまり、働いてみたら？　と誘ってみました。働くってどうするの？と言うので、何かをして、人が嬉しくなって嬉しさのあまりお金を払う、で、そのもらったお金をいい感じに使う、と伝えました。それおもろそうじゃん、どうするの？と言うので、お金はかけないでやると伝えました。

「お金をかけないでどうやるの？」

「お金をかけないって言うか、自分がお金ってことに気づく必要があると思うよ」

「どうやって？」

そこで僕は自分の携帯を取り出し、ボイスメモを起動しました。

「パパ、これ私ジャン」

「そだよ。アオがもっと小さい時に歌ってた歌。すげーいいじゃん」

「ははは、可愛いね。よく残してたね」

「あ、おれ全部金に変えようとしちゃうからね」

「そこ徹底してるよね」

「そうだね。俺経済だからね」

「ケイザイ？」

「そだね」

「何それ」

「お金を使って何かを買うんじゃなくて、自分がお金だって気づくってことやね」

「何それ。だってお金ないと何も買えないじゃん」

「そかね。パパが今着てる赤いセーターどこで買ったっけ?」

「自分で編んでたね。すごいよね。よくやるよ」

「毎日履いてるリンクみたいな革靴どこで買ったっけ?　いくらだっけ?」

「自分で作ったんだよね。大阪?だっけ?」

「そうそう」

「よくやるよね」

「今流れてる薬用酒のこのCMの歌、なんだっけ」

「この二人の夫婦のCMなんか好きだよ。え、この歌、パパの声じゃない?」

「そだよ、一〇分で作ったよ」

「え?」

「一〇分で自分でギター弾いて作って、30万円だったよ」

「へー」

「しかもさ、同時期に俺パソコンのCMも出てたじゃん」

「ああ、そうだったね。あの会社って今、一番すごいんでしょ？」

「じゃあCM料いくらくらいだと思う？」

「薬用酒が30万円だったら、3億円くらい？」

「いい線いってる」

「へえ、じゃあうちら金持ちじゃん」

「そだね。20万円だったよ」

「まじでwww安！　すごい会社なのにヤバイジャン。強制労働！」

「いやあそこは金出してると思うんだけど、アメリカの広告代理店ってやつが多分ヤバイな、相当抜いてるわ。間に入ってたのは日本の広告代理店。でもそこはよくわかってなかったなあ、ま、ただの繋ぎやな。アメリカのCMには出るなよ。利用されるだけや。しかも、こんな安いのに、金額とかを公表しないとかなんとかって誓約書まで書かなくちゃいけなくてね」

「ひえええ、ワルやのう」

「アオ、あんな、絶対誓約書にはサインするなよ。契約書は絶対にまずは自分で作れ。自分でいくら欲しいって金額を書いて、その契約書を自分で作れるような人間になれ。

人に使われるなよ。パパが失敗したことを全部教えてあげるから、お前は絶対に人に使われるなよ。会社とか行きたいか？」

「絶対無理、つまんなさそうじゃん」

「子供の時はそういうよみんな。でもな、すぐ人間はバカになる。中学まではギリギリや。高校になったらほとんど全員同じ人間になる。大学になったらもうみんなヤバイ。そしてそのまま会社員になる。どんな奴でもそうなる」

「どうしてよ？」

「だってお金をどうやって稼ぐって知らんまんま大人になるからや。お金って会社からもらうもんか？　うちはどうや？」

「パパ会社に行ってないよね」

「おいおい、俺会社やってるし。社員とかはおらんよ。俺だけや。自分を守るために作ったんや」

「へえ」

「お前にも会社の作り方教えたる」

「なんで？」

「会社に行きたいんか？」

「いやあ、無理……」

「会社に行くのが苦手なやつが生きる道は一つや」

「会社を作る、ってこと？」

「そうや」

「なんの会社？　何を売るの？」

「アオ、お前が作るのは、お前を売る会社や」

「あたしの何を売るの？」

僕はまたボイスメモを再生した。四歳の時の可愛いアオの歌声が聞こえてきた。

「最高の歌や。完璧や」

「面白いよね。かわいい。確かにあたしもこの歌好きかも」

「しかも、たいていのお子ちゃまシンガーはな人の歌を歌っとる」

「どういうこと？」

「いま、めちゃ流行ってる歌あるやん」

「子どもたちが歌ってるやつね」

「あれ、ムッチャ売れてるやん」

「うんうん。毎日聞くし」

「でも子どもたちはきっと稼いでないぜ」

「え、なんで？　あんなに売れてるのに」

「お金はどこに流れてるでしょう」

「え、じゃあ歌を作った人？」

「うーん、ま、当たっとるが、それも数パーセントや。たいていはレコード会社に入っていく」

「へえ」

「作った人もすごいっちゃすごいけど、でも彼はレコード会社と契約してるんや」

「え、そうなの？」

「うん自由人じゃない。お給料制やきっと。ま、給料はすごくもらってると思うけど」

「そっかあ。じゃ、歌を作るならまずはレコード会社を作れってことね」

「いい感じ。それそれ。と言うことで、会社を作るぞ、名前はなんにする？」

「blue」

「早いのがいい。なんでも早いのが一番いい。思いついたものそのままってのが一番いい。これが売れるかもとかこうすると深読みできるかもとか色々こねくり回すとどんどん売れなくなる。そのままがいい。じゃあ blue って会社作ろう」

「わーい。私、社長?」

「もちろん。で、社長、何を売りますか?」

「え、その歌じゃないの?」

「アオ、絵もうまいじゃん」

「へえ」

「おけ、へえ、で留めておけよ。すぐ大人になると、いやいや下手ですよ、とか言い出す。あれはやめとけ」

「なんで?」

「心地よくないからや。一応、嬉しくない? うまいって言われたら」

「確かに嬉しいよ。下手って言われるより全然嬉しい」

「でしょ。嬉しい時はなんて言うの?」

「え? 嬉しいって言うよ」

「素直でよろしい!」

「でもパパ褒めすぎるからなあ。恥ずかしくなるよ」

「おいおい、俺は嘘は言わんよ。絶対に言わん。下手なやつにうまいとは絶対に言わん」

「なるほどそりゃそうだ」

「だから歌だけじゃなくて、絵も売ろうぜ。これがあるよ」

「あ、無印良品のエコバックと、クレヨン！」

「無印良品と仕事した時に、たくさんもらってきたやつや。このバッグに絵を描いて、アイロンしたらあら不思議 blue 特製アオ直筆のエコバックになるよ」

「なるほど。あたし作ってみたいし！　楽しそう」

「それ大事」

「楽しいの？」

「うん。楽しくないことは絶対しないこと」

「楽しくないことはしたくないよ」

「会社に行きたい？　寝坊できない生活したい？」

「いやだ～」

「何したい？　今？」

「自転車と好きな服買いたい」

「いいね。欲望大事！　欲しいもの大事！　でもさ、服買う時、アオ、気使うやん。お母さんの顔色見るって感じがする。見てると」

「そりゃねえ……気にはするよ。ママのお金だからさあ」

「そういうことよ。つまり、人のお金だと何を買うのかどうかを全部チェックされるやろ」

「まあね」

「それ楽しい？」

「確かに自分で好きに使えたら嬉しいよ」

「嬉しいの大事」

「うんうん」

「つまりは、誰かに許可を取らなきゃいけないお金なんてつまんないってことや。とにかくなんでも好きに使って良くて、誰に許可も取らないで良くて、自分で思うままに好きなものを好きなだけ買えるものがお金ってこと。あとは全部人のお金や。それじゃつまんない」

「自分のお金を獲得するために会社を作るってことね」

「そうそう。ママが一切手をつけられないお金や」

「面白そう」

「ママになんか買ってあげたりもできるぜ、好きに」

「確かに！　私、みんなにフワフワなクッションを買ってあげたい」

「あの、人間がダメになるとかなんとかのやつね」

「そうそうあれあれ」

「優しい子や。よし、そうと決まったら、とにかく自分ができることの一覧表を作るんや」

「はーい」

そんなわけで学校に行きたくなくなったアオはお金の学校に入学することになりました。

＊

「できたよ〜」

アオは一覧表を見せてくれた。

［アオができること］

1　自分で作詞作曲した歌が入ったアルバム

2　自分で絵を描いた無印良品のエコバック

3　自分で作った置き物

4　自分で絵を描いた無印良品のお皿

「素晴らしい！　しかももう全部作品揃ってるし」

「あの歌以外にもまだあるの？」

「うん。たくさん録音してる。今から聞き直しながら、一緒に曲名を考えよう。そして、あと二曲くらい新曲を入れたいね」

「新曲？」

「そうそう。昔の曲と、今のアオの曲も入ったら、楽しくなると思うよ。ま、国語の時間だと思って、詩でもさらっと書いてみてよ。俺が曲つけてあげるから」

「オッケ～」

「今回は特別に俺が曲つけるけど、すべての権利をアオにあげるよ。そうしないと半分は俺が持っていくことになる。今回だけは特別にね」

「嬉しい！　ありがとう」

というわけでアオが四歳の時から九歳までの自作の歌が一〇曲入ったアルバム『くすのき』が完成した。初のソロアルバムです。CD－Rを買ってきて、焼くのは僕が担当しました。そこに一枚ずつアオがアルバムタイトルを書いて、署名して、ついでに絵も描いた。それをスリーブに入れたら、アルバムの完成である。

「すごいね」

「いくら？」

「えっとね。値段も自分でつけるの？」

「そうだよ。CDは一〇〇枚あるよ。それでいくらくらいになると嬉しいかな？」

「5万円の自転車と3万円のソファが欲しいんだよね、あとは服をちょっと買えたらいいから10万円……流石に無理かな」

「アオ、無理って言葉は禁物や」

「なんで？」

「自分で無理だって言うと、それはそのまま制限かけることになるんよ。だからこういう時にはパパは自分で自分に大丈夫、きっとうまくいくよって声かけてるよ」

「へえ。わかった！　大丈夫きっとうまくいく。10万円目指してみます」

「そうこなくっちゃ。小学生で10万円はいい感じや」

「お年玉一〇年分！　やってみたい」

「すると、10万円割る一〇〇ってことや」

「一枚1000円ってことね」

「そう。無駄に稼ぎすぎちゃいかんよ」

「なんで？」

「自然じゃないから。大きめの靴とか小さめの靴とか履いても心地よくないやろ」

「うん」

「あれと一緒。自分で心地よさを決めるんや。その金額だけを獲得するってこと。それが経済」

「へえ、経済、結構面白いかも。生き物みたいな感じがする」

「感性いいね。その調子」

「やっぱりパパ褒めすぎなような気がするんだよなあ」

「なんかそれで問題ある？」

「いや、問題はないけど、なんか失敗したらどうしようみたいなのもあることは確か」

「失敗ってどんな失敗？」

「いや、売れなかったらって」

「このCD－R、アオ買ったっけ？」

「いやパパの」

「お皿とかエコバックは？」

「パパの取引先の無印良品さんからもらったもの」

「つまり？」

「損はしない」

「ってことは？」

「あ、失敗しない！」

「そう。売れなくても問題がないんだよ」

「だったら安心だ」

「どんな時もそれをやるんだよ。だってさ、お金かけちゃって、売らないとヤバイみたいになったらどうなる？」

「楽しくないし、こわばるよ、売りたすぎて、買ってくださいって言っちゃいそう」

「それ楽しい？」

「楽しくないことはしないってことね」

「そう。失敗もない。ま、とりあえず俺のネットショップで出品してみようぜ。アオの歌本物だから必ずうまくいくよ」

というわけで僕のBASEで販売したところ1口で売り切れてしまいました。

そりゃ当然です。歌がいいんだから。誰にも作れない歌だから。歌声が優しいから。何よりも売るための音楽じゃないから。生の声だし、素の声で、大事な声だから。

というわけで、アオちゃんは翌日、5万円のマウンテンバイクを買い、その翌日人がダメになるほどフワフワなソファを我が家のために買って贈ってくれました。その後もエコバックもお皿も置物も売れました。

アオは音楽家であり、エコバック作家であり、画家であり、陶芸作家であり、彫刻家になりました。すると、その動きを見てたポパイ編集部から連絡がありました。そして、ポパイで毎月連載している僕のコラムの挿画を1万5000円で担当することになったのです。

作品を外に発表すると、流れが発生します。経済が生まれてます。経済は素直であればあるほど、生であればあるほど、その人の一番自然な部分であればあるほど、すくすくと、植物なんですから、どんどん伸びていきます。どこまでも届いていきます。少しでも商品のためにという作業があると、すぐに商品になってしまいます。そうなると不思議なことに経済になりません。それは商品です。それは人間がお金で売買するための道具になるのです。

経済はそうではありません。流れです。自然に流れていくものです。潮流です。ヨーロッパから高知県まで無料で船に乗って流れ着くことができるのです。それが流れです。もちろん、アオが経済であることに気付いてたのは僕です。なぜなら僕は植物から教わっていたからです。しかし、これを自分の中に留めていてはいけません。湧き水に水道管を差し込んでこれは私の水だ、ということで、名前を付けて売ってはいけないのです。

僕の経済は常にみんなの経済なのです。僕は経済です。みんなも経済です。**僕と経済とみんなは実は一つの大きな流れ**なのです。海みたいなものです。どこまでも流れていきましょう。混じっても気にしないでいきましょう。心を大きく開いて、あなたが知っている一番大事なことを、一番大事な人にそっと教えてあげてください。それが経済です。そうすることで、あなたが経済になります。

僕はアオの歌声が経済、それを歌うアオが経済であることに気付きました。だからこそそれを伝えました。そういう時、見出したやつはついついその見出された人からお金を抜き取ります。ビーチボーイズもビートルズもそれから日本の著名アーティストたちもみんなレコード会社、マネージャーにお金を抜かれ続けてきました。だからこそ、彼らは独立して会社を作るのです。

会社を作るとはつまり、自分を救う、ということです。忘れてはいませんよね、つまり、そうです。自分の会社を作ることもまた経済なのです。自分を救うためには自分の会社を作らなくてはいけないのです。

そして、そうやって自らが経済であることに気づいた人間は植物に感謝し、それを別の人間に知らせてあげる必要があります。なぜならば、そこに発生しているものが経済、つまり、海であることに気づくからです。海に堤防作ってどうするんですか？　海の中で領土を決めたりしたらどうなりますか？　コンクリートで埋めてどうするんですか？　生態系は丸崩れ、美味しい魚はいなくなります。石牟礼道子さんだって怒ります。自分が経済であることに気づく、つまり、自分が海であることに気づく、つまり、それは周りの人がみな海ってことなんです。

だから、僕たちは自分の経済に気づいたら、次にまずは隣の人に「おーい、ここは、我々は海だったんだぞー」って教えてあげる必要があるんです。

仲介料を取ると、人は地獄に落ちます。ビートルズから汚くお金を抜き取った人間はみな変死体で発見されてます。そういうことです。

＊

経済であることに気づいた時、それは自然を発見したということです。

どうか独り占めしないでください。みんなに心を開いてください。お金の学校、これは僕が気づいた自然の発見です。だからこそ、無料でみんなが読めるようにしているのです。どうか入学金など払わないで読んでください。

しかし、実際は違います。海には幸があります。海はただの海ではありません。豊かさ、ミネラルをどんどん湧き立たせます。ここにある一つのものがどんどん増えていきます。もともとこの世はすべて海でした。そこから細胞が生まれ、その死骸と岩が組み合わさって経済となって、土が生まれ、地表に生物が到来してきて、今、僕は熊本に住んでます。そうやって、広がっていきます。

自分が経済であることに気づいた僕は、僕が一人ではなく、増えていくことに気付きました。だから気にしないでいいんです。どんどん楽しく、あなたが知っている秘密を教えてあげてください。私的所有をしないということではないんです。やはり所有とは大事な概念です。あなたはあなた自身をまずはしっかりと所有しなくてはなりません。それは自分を救うということです。それが経済ということです。

その自然に気づいたあなたは不思議なことを経験するでしょう。

「**あなたが増える**」という、五次元世界では普通に毎日起きている現象を、この現実で味わうことができるってことに。

同時に、畑ではそれが毎日起きてるんだと、言い添えておきます。もう畑が出舎臭いだとか汚いだとか面倒くさいだとか時間がないからできないとか、このお金の学校の生徒であるあなたたちは一言も言わないと思います。そこに海があるんですから。

海を見にいくんじゃないんです。海になることができるんですよ。

畑の帰りに車の中でズボンにくっついたいくつもの草や種を見ながら、僕は一つの潮流になってこの道を走ってると思います。その途端、すべての空気が海となって、僕は海の一部の潮の流れの一部となって、どこにでもいけるんだって絶対大丈夫だって心から勇気が湧いてくるんです。

8

週刊誌にとっての王とは何か？

さて、今日もどんどん進んでいきましょう。みなさん無料で読んでますか！

お金の学校は入学金10万円なんですが、データを確認すると、今日までで、オリエンテーションに参加した人は二万五〇〇〇人にまで膨れ上がってます。つまりもう25億円の資金があるわけです。でも実際には後払い、出世払いでいいって言ってますので、ご心配なく。

しかも、自己申告制なので、まあはっきり言えば、ダンマリしてれば、バックれることも余裕でできるわけです。それくらい余裕のよっちゃんなんです。僕はムッチャ余裕あるんです。もう気持ちいいっていうか、清々しいっていうか、なんか人間湧き水なんですよね。ただ飲んで！　みたいな。僕から湧き出てくるものみんな飲んで欲しいんですね。とにかく。

僕の中で今、一番熱いこと、燃えていること、湧いていること、思いついていること、閃いていること、**心の奥の奥のそのまた奥の秘密の言葉、それを人々に伝えるのが、教**

育なんです。つまんねえ教科書の何ページを開いて〜なんて言ってる場合じゃない。なんてね、人の文句はやめときましょう。体に毒です。次に進んでいきましょう。でもネットでこれだけの原稿が毎日、しかも無料で公開されるってのはなかなかないんじゃないですかね。しかもそれが教育のためなわけです。みんなお金のことなーんも考えてないし、なんならお金って卑しいものでしょ、みたいな誤解がまかり通ってて、いやいや卑しいのは、そのあなたの目でしょ、心でしょ、と僕なんかは思います。

でも不思議です。ネットで新聞を読もうと思っても、ここから先は有料です、みたいな関所あるじゃないですか？

あれ何が楽しくてやっているんですかね？　あれ、もしかして有料ですってことにした人は、ありえないと思いますけど、もしかして儲けると思ってやってるんですかね。大丈夫なんですかね？　それでニュースのつもりなんですかね。ニュースって知って欲しいんじゃないんですか？　社会の問題はこれかもしれないって思って記者たちは真剣に調べて、それで人々に伝えたいんじゃないですかね。

俺の勘違いですかね？　それを有料って？　ああ、この人と今すぐセックスしたいって時に「あ、すみません、ここから先は有料なんです。オプションに応じて金額が変わります」とか言います？　言わないでしょ。「早く！」とか言うじゃないですか。

いやセックスの話はほんとどうでもいいんですよ。ニュースですよ、社会の問題ですよ、諸悪の根源を突き止めている俺が書いた社会の闇を暴いたこの原稿をですよ、有料です、って。誰がお金を払うというのか。そりゃ僕は払いますよ。

なんでも払っちゃうんです。この前池袋を歩いていたら、女性がやってきて、しかもおばちゃんですよ、しかも全然可愛くもなんともないんですよ、なんかフツーにTシャツとベージュのよれたスカートはいてて、その普通だったら、無視しますよね、おばちゃん。

僕はちょっと変態なんですかね、「ああ、なんかこのおばちゃんのたたずまいがいいなあ、ガニ股だし、なんか金がなくても平気な感じ、なんか生きてるなあ」って感動しながら、そのおばちゃんの顔をまじまじと見てたらですよ、おばちゃんが「5000円でやらない?」と言うわけですよ。

そんなの売春ですよ、違法ですよ、体を売って金を貰っちゃいけないらしいですよこの世は。正確には舐めてもいいけど、挿れちゃだめってことなんですかね、そんなの別にどっちも一緒じゃないですか、ま、それも法律。

ま、いいんですけど、そのおばちゃんは全然可愛くもないのに、そもそも格好が、銭湯の帰りの大阪のおばちゃんそのもので、そんな存在が池袋にいたんですよ。

僕はいたく感動しましてね、

「素晴らしい。いいよほんと、あなた、素敵ですよ」

と褒めることにしました。僕、本当に褒めることが得意でして、人のいいところを見つけることの天才なんですね。これみんなも使ってみたらいいと思いますよ。この言葉、ムッチャ自慢してるじゃないですか。何天才って？　まじで自分で自分のこと天才っていうやつ全員天才じゃなくて、ただのチャラ男だと僕は思っているんですが、ここでの天才が「**人のいいところを見つける**」ですから、なんというか、はじめは天才って言葉で、みなさんムッとすると思いますが、でもそのムッとしたあなたのいいところを見つけることの天才ですから、すぐにあなたのいいところをどんどん口にするんですよ。

魅力的なことを次々と口にするんですけど、なんせ自分の自慢じゃなくて、それは全部あなたのいいところなんですね。ついついあなたはうっとりしちゃうわけです。ああ、いいなあ、そんな人、魅力的だなあって思うその特徴がすべてあなたなんですね。

だから、誰も僕にお前自信過剰だなあ、とか、自慢ばっかりして、とか言わないんですよ。すぐに「ありがとう」って言っちゃうんです。誰も「いえいえ、私なんて」とか言わないんです。なぜだかわかりますか？　簡単です。僕は本気で言ってるからです。本気は目で伝わります。お世辞なんかこの世に必要ありませんの世界に生きてるってことは、目で伝えることができますから、だからその人も圧倒されるんですね。

その人を褒める言葉で、その人を圧倒するんです。これも一つの奥義なんですが、そんなわけで、誰からも自慢して～なんて揶揄されることがありません。僕は揶揄されることがまったくないんですね。人から馬鹿にされることもありません。なぜならその人を褒めるからです。

これは一つの戦術です。しかもお世辞を言ってはいけないんです。どうですか？　意味わかりませんか？　つまり、**正直に生きるってだけ**なんです。それが僕の戦術なんです。僕はただの褒め男です。コツは絶対に嘘を言わないこと、絶対にお世辞を言わないこと、それを継続して、絶対にお世辞を言わない本気の人間だということを伝えていくことで、この戦術をさらに磨いていくことができますので、ぜひみなさんも試してみてください。

というわけで僕はおばちゃんを、その身のこなし方を褒めたんですね。

するとおばちゃん「あら、嬉しいわ」って素直に喜んだんです。躊躇もなく。向こうも達人の証拠です。つまんないやつはすぐ「いえいえ私なんて……」と言っちゃうんです。どうせ嬉しいのにですよ。自分から自分の価値を踏みにじってるわけですね。もったいない人です。寂しい人です。

何よりもそれは戦いの場において、威圧されてるわけですね。その時点で負けなんです。経済はなんでしたっけ？　経済とは共同体のルールです、ルールを決めるのは酋長です。つまり、経済とは酋長が決める掟であり、つまり、経済とは酋長同士の正々堂々たる戦いでもあるわけです。

そんな時に、いえいえだなんて隙を見せてしまうと、その途端に負けちゃうんですね。相手と向き合って、命をかけて戦う時、僕が昔行っていた訓練は、まず向き合った時に、絶対に相手に勝つ、というイメージを持つってだけなんです。まずそれがないとすぐにやられてしまいます。どんな時でも相手の隙を見つけておく。どんな時でも殺気を出しておく。それだけで絶対にセクハラまがいの言動を、上司や同僚から言われませんから、ぜひみなさんも訓練してくださいね。

別に打ち負かせと言っているわけではありません。僕も暴力は好きではありません。そうではなく、常に相手に負けない殺気を静かに出しとけってことです。相手がしっかりとした酋長なら、すぐに理解されます。そうすると舐められません、パワハラもありません、セクハラもないんです。

今のハラスメント社会になっちまった世界は、殺気の消失による、舐めた奴の大発生が原因です。静かな殺気を磨きましょう。もしやられたら、絶対にやり返す。そのつもりで生きれば、決していじめられません。みなさんいじめの対策をする前に、絶対にいじめられない環境を作る訓練をしましょうよ。なんでいじめられることが当然の世界に満足しているんですか？　対策したって仕方がないですよ。

つまんないやつは一生つまんないんです。反省など無駄、もし何かひどいことをされたら、相手の隙を見つけて徹底的にやること。翌日、そいつはその会社を辞めます。あなたが辞めなくてもいいんです。なんで泣き寝入りばかりの世界になっちまったんですか。みなさん大丈夫ですか？　そうです。大丈夫、きっとうまくいくよ。だからこそ殺気を磨いてください。

というわけで、相手の酋長、つまり、ガニ股おばちゃんもなかなかのモノだったというわけです。一切の自己否定がなく、自らに満足されてます。

「お兄ちゃん、かっこいいねえ」

「どうも、ありがとうございます。嬉しいです」

「だからさあ、ねえ、5000円でやらない?」

「いやあお姉さん、素直で真っ直ぐでいいですね。わかりましたよ。女性から誘われるとは私も幸運者ですな、ではこのホテルでいいですか?」

「話が早い人だね、そうこなくっちゃ。迷わない人、私大好きよ」

とにかく僕は面白いことであればなんでも躊躇せず船に乗っちゃうんですね。大丈夫です。何が起きても、きっといつかあなたたちに伝える笑い話になるはずなんです。体を張ってます。というか流れてますからね、経済が発生しているのですから、迷ったら終わりなんですね。あとは覚悟を決めて、殺気は緩めず、その場その場の局面を真剣、つまり、刀ってことですね、真剣と向き合うようにすり抜けていくしかありません。

しかし、それが人生ってもんです。保証も保険も担保もありません。実際は。生きるか死ぬか、でしかないんです。でもそのほうが心地よくないですか? それとも命を守って、たくさん悩んだり、迷ったりしているほうがよいですか? 僕なんてどうでもいいんです。もちろん自分なりに命を最大限守りますよ、常に殺気は出してます。だから周りを常に窺ってます。

ここでおばちゃんに「え、どういう料金設定になってるんですか?」とか「病気とかじゃないですか?」とか野暮で失礼なことを言わないで生きていくんです。流れてきたのだから仕方がない、なんなら楽しく乗り切っていこうと腹を決めて、突き進むだけです。

有無を言わさないおばちゃんは野暮なことを決して言わない僕のことがとても気に入ったらしいです。とても優しくホテルに行きました。そのあとどうしたか?なんて野暮なことは聞かないでください。一つ、おばちゃんは顔はいまいちでしたが、体はぽっちゃりとしてて、今時のあの痩せ細って何がエロいのかさっぱりわからんというかまったくエロくないからセックス楽しくない若者たちとは違って、いい感じのお肉で素晴らしかったことだけはお伝えしておきます。

まあ、いいんです。ここでこんなことを書いたら、また家族から怒られるのではないか、などと心配する必要もないんです。なんと言っても、これを僕は家族の前でちゃんと朗読して練習してからこの講義に臨んでますから。

みなさんとは**覚悟**が違うのです。週刊誌のスクープ砲もちっとも怖くありません。だってみんなもう変態って知ってるじゃん。こんな楽な方法はありません。覚悟するって、大変なことではないんです。逆です。楽なんです。

このカラクリを知ると、まじ覚悟することが止まらなくなります。

はい、これはすなわち、**勇気のつくりかた**、です。勇気ってのは作るコツを知らないと、作れません。でもコツを知ってると勇気なんてすぐに作れます。材料は、生きるか死ぬかという覚悟と殺気だけです。あとは何も要りません。

気づきましたか？　**経済に一番重要なものは、お金ではありません。勇気なんです。**つまり、経済を作り出すとは勇気を作り出すってことです。

しかも勇気を作り出す材料はすべてあなたがもうすでに持ってます。だからお金がかかりません。当然です。経済とはお金ではないのですから。勇気なんです。ここはどうか忘れないように。

僕は勇気があるんです。人を褒めるということは、その人と適当な付き合いをしないってことです。なんなら一生付き合うって覚悟することです。そいつが人を殺したとしても、裏切られたとかくだらないこと言わずにただ「俺がすごいと認めた人間なんだから、一生好きだよ。諦めるな。出所したらまた一緒に面白いことやろうぜ」と面会所で口にするだけなんです。それが勇気です。それが覚悟です。それが人を褒めるってことです。

＊

で、何が言いたかったかと言いますと、帰り際の話です。

おばちゃんはベージュのバカボンのパンツみたいなパンティーをはいたあと、財布を取り出したんですね。あ、支払いか、と思って、僕もまた財布を出しました。行為は最高の部類に入るものでした。あっぱれです。

だから僕は5000円と言われましたが、あいにく千円札がなく万札しかなかったものですから「おばちゃんありがとう、5000円って言ってたけど、最高だったから、ここは1万円払わせて、お釣りは要りません。ありがとうございました。領収書も要りません」と伝えたんですね。

おばちゃんも僕が1万円札を出したからか、財布から5000円を出してました。いやいやお釣りはいらないんです、と言っても5000円を仕舞わないんですね。

「あんた最高やったわ」

おばちゃんからも褒められてしまいました。

「どうも嬉しいです。ありがとうございます!」

「あんなにゆっくり、ほとんど触ってないくらいに舐められたり触られたのは初めてや。お兄ちゃんほんと上手やなあ。しかも、ただ経験を積んだ達人って感じでもなかった。なんていうか、手つきは少年のままやった。でもその少年が丁寧に、大事に、あたしを触ってくれるから、なんか若い頃、初めてした一八の時を思い出してね、故郷まで思い出してもうたわ」

「故郷どこなの？」

「八女たい」

「え、そうなの？　俺、熊本からきたよ。おばちゃん福岡なんだ」

「そうや、そのあと大阪で長いことクラブで働いとってね、他にもいろんな仕事した、でもしょうもない男にいつも引っかかって、お金は全部あげちゃったわ」

「おばちゃん、男で失敗しそうやもんね。でも幸運の持ち主だから大丈夫、きっとうまくいくよ」

「お兄ちゃんわかっとるなあ。そうなんや、大阪出て、池袋の宝くじ売り場で働き出したんやけど」

「おばちゃんなんでもできそうだもんね。俺も昔宝くじ売り場取材したことあるよ。あれ、車輪ついた家だもんね」

「お兄ちゃんなんでも知っとるなあ、それでな、宝くじ売り場で、券売りながら、手取り23万円くらいかなあ、まあ、借金も返しながら細々暮らしとったんやけど、あたし秘密を発見したんやな、法則っていうか」

「宝くじの?」

「うん」

「あれ、ルーレットで決まっとるんじゃないの?」

「そうや」

「だから偶然じゃん」

「うーん、そりゃそうや偶然や。でもちょっと違う」

「どゆこと?」

「あれな、人間の世界じゃ偶然なんやけど、太陽にとっては必然で、毎日、太陽が数字を発しとるんや。四つの数字」

「へえ、面白いね。病院で口にしたら統合失調症って言われるやつやん」

「そうや。あたしも言われたわそれ。30歳くらいのしょうもない兄ちゃん先生に。速攻帰ったけどな。それでな、その四つの数字はもうすでに太陽の世界じゃ決まっとって、あたしいつも宝くじ売り場から太陽見とったんよ。それで毎回、ナンバーズ4のストレートが当たるわけ」

「そりゃすごい。天の恵みやね」

「びっくりや。その日からあたしの神様は太陽神になった。あたし日本書紀が好きで小学生のときよー読んどったんやけど、八女には太陽の神様がいっぱいいるんよ。それこそ原始時代とかからあるってじいちゃんは言っとった。それをぱあーって思い出してね。八女の山は太陽の昇るところなんよ。そこが神聖な場所だったんやろね。じいちゃんが八女の山奥で昔からの原始信仰みたいなのをやっとって、教祖やったんよ。貧乏宗教だったけどね。その会合によく連れて行ってもらったことを思い出したら、太陽と話せるようになって」

「経済やね、それは。流れが起きてるよおばちゃん」

「そうなんよ。で、ついにあたしもナンバーズ4を買ってみたんや。また変な男に引っかかって、あたしがためたお金なけなしの200万円を持って逃げたから」

「ひどいやつや。今度そんな目にあったらおばちゃん俺に言って。そいつ見つけてぶん殴ったるよ」

「ありがとな兄ちゃん。でもな、心配いらんのよ」

「え?」

「ナンバーズ4がその太陽さまが教えてくれた通りに当たって、その日に211万円入った」

「すごいやん」

「しかも一度だけじゃないんよ。あたしもそんなに金はいらんから、必要な時にだけ買ってたけど、毎回いつも四つ当たる」

「いつもストレートなんだ？」

「そうなんよ。だからありがたくてね。男に引っかからんくなった」

「すごいー。で、なんで、ホテルの前を歩いてたの？」

「いや、人生としては一人で生きていくって決めたんや。でもな、あたし性欲が強すぎてかなわんのよ。それでな、池袋のホテル街歩きながら、気になる男を見つけてはセックスだけしない？って聞くようになった」

「へえ！　いいね！」

「だから毎回、みんなに5000円あげてるんよ」

「え！　貰わないの？」

「だって、金はあるもん。生活のためじゃないからね。これはあたしの楽しみのためだけのセックスなんや。だから今日もありがとな」

おばちゃんはそう言って、僕の1万円とおばちゃんの5000円を重ねて、丁寧に僕の財布にしまったんですよ。

一体、僕は何の話をしてたんでしたっけ？（笑）

＊

もうみんな今、どこにいるのかわからなくなってきたでしょ。てか、今、池袋のホテルの中にいるでしょ。もうネタバラシですよ、ただ僕が言いたかったのは、有料の記事ってありえないってことです。それは矛盾なんですよ。伝えたいことを伝えるためにお金を払えっておかしいでしょ。

このおばちゃんの精神を見習ってくださいよ。女だからってセックスしてお金をもらう精神じゃないんですよ。あたしがやりたいんだから、やらせて、やらせてくれたら、お金とるどころか、お金あげるから、5000円！って話です。

僕バカなんですよね、そんな単純なことを伝えるためにわざわざ命をかけて、こんな僕の昔、と言ってもそんなに昔の話じゃないんですよ、そんな話を切り出してね。でも、おばちゃんの話もまた経済でしょ？　もうみんなならわかるよね。経済とは楽しいってことですから。

だからね、この世の中にたくさんあるでしょ、有料記事っていうのが、あれは一切読まなくていいですよ。そんなところに世界のニュースは転がってません。**お金を払え、ということは、伝えたくない、ってこと**なんです、伝えられるような価値もないってことです。つまりこれは経済ではありません。世の中のすべての有料の記事はニュースでもないし、経済でもないんです。じゃあなんでしょうか？　もう別にどうでもいいですね。つまり、世の中のすべての有料記事はその後に駆逐されるってことです。

みなさんは絶対に有料記事を書かないでください。

全部無料にしてください。

僕のこのお金の学校が無料なんですよ。

だって一番重要なニュースだからです。だからみんなこんな読み漁ってるんですよ。大事なことが書いてあるからです。だから無料なんです。みんなの無料の感覚が違うのわかります？　みんな有料はいいもので、無料の記事はどうでもいいことが書いてあると考えているんでしょ。有料の先には、めくるめく世界が広がっている、みたいな。そういうこけおどしに引っかかるようでは自分で経済は作り出せませんよ。いいものは無料の中にしかありません。有料でいいものはありません。このことを忘れないように。

「こんな大事なテキストを無料で公開するなんて太っ腹」

だなんて思っている人が多すぎるわけです。そして、そんな僕に感動してくれて実際に入学金を払ってくれてる人までいるんです。何人いると思いますか？　もう八七人もいるんです。でもそのうちの何人かはきっと気持ちだけ伝えてくれたんです。どうぞ期限切れでキャンセルというネットショップのスタイルに則ってください。

でも実はもうすでにカードで振り込み完了している方もいるんです。無料なのに、ですよ。それはもはやお金を超越してますよね。つまり、**愛**ですよね。その方が今、四〇人いらっしゃいます。二万五〇〇〇人がこの半端ない無料テキストを読んでくれて、そのうちのたった四〇人ですが、でもとても貴重な愛ある方達がそれぞれ10万円を僕に振り込んでくれてます。

つまり、お金の学校の正確な資金は現在400万円です。これは現金です。早速振込み申請しましたので、今日は一〇月七日ですが、一〇月一六日に全額僕の口座に振り込まれます。

みなさんありがとうございます。今年はタダでさえ稼ぎすぎてます。やりすぎです。僕のところに財が回ってきすぎてます。流れを留めてはいけません。ひとりで楽しくやっても楽しくありません。

ということで、生活費に困って、死にそうになっている人にお金を振り込むことにしました。みなさんの読むという行為が、それこそ無料で読むという行為が、四〇人のキリストを生み出し、僕のところに恩恵がまいりましたので、僕もそれを回す必要があるんです。

それが酋長の掟でもあります。

酋長はなにも、なんでも持っている豊かな人ではないんですね。人からあれくれこれくれとせがまれるのが酋長であるとレヴィ＝ストロース先生は言ってます。

ということで、家賃を払うのに困ってたフクロウという男性に5万円を、さらに女性に7万円、そしてDVするひどい夫に苦しめられて心中しそうになっていた女性と娘さん二人に対して、避難費用として30万円振り込むことにしました。みんなお金が即日でネットで振り込まれたら、嬉しいみたいで、三人とも今では元気になりました。これはこれからもずっとやっていこうと思ってます。

＊

しかし、すごいと思いませんか？　お金の学校は今日で八回目です。つまり、まだ一週間とちょっとしか経過してません。思いついたのが九日前のことです。それで僕はすぐに行動し、原稿を書き始めました。

多くの作家たちは、書いた原稿をそのまますぐにアップするということはしません。推敲してですね、きれいにして、矛盾は消して、読みやすいものにして、作品にするんですね、つまり、出版社に売ります。当然、無料ではアップしません。有料の記事にします。なぜなら作家だからです。

しかし、僕は作家という自覚がないんですね。ここも大事で**自覚は持たないように**しましょう。持つと、動きが鈍ります。芥川賞とかとってしまっては、芥川賞作家とか肩書きがついちゃうんですね。僕はなんの賞ももらってません。でも才能がないんじゃないんです。ただ審査員の見る目がないんです。幸せな考え方でしょ？

もしくは彼らが僕が自由に楽しく暮らしている姿を知っていて、あいつはあのまま幸せに暮らさせてあげようと思ってくれているからかもしれません。これもまた幸せな考え方でしょう。僕は頭の中が畑ですからね。でも、ですね、それはただバカだから、楽天的だからではないんですね。僕はわざとそういう思考でいます。

正直に言いましょう。なぜなら、そっちの方がお金が稼げるからです。

簡単かつ真理ですね。お金が稼げるから賞を受賞しないんです。芥川賞も辞退するかもしれません（笑）。でもあれって、二〇〇枚くらいっていう曖昧かつどうでもいい分量の規定があって、つまりそれは、選考を担っている出版社の雑誌に再掲載しやすいという。それもまた経済です。そんな経済をする出版社が作ってるのが話題の週刊誌なんですが、ま、芸能人のスクープはどうでもいいですが、実はそれもまた経済です。なぜならそれは売れるからです。

売れてどうしますか？　売れたら取材費が出せます。すぐに新幹線に飛び乗ってもそれがネタにならなくても、なるかもしれないと思って行動したのであれば、経費としてお金がもらえます。ということは、攻められるわけですね。それで彼らはなにをしたいのかというと、つまらないことばっかりやってる政治家たちを地獄に突き落とすことができます。グッジョブです。つまり、彼らの狙いはそれです。そうじゃなければとっくに潰れてます。芥川賞なんかどうでもいいのです。あれはただの「経済」です。本当の狙いは政治家を潰すことです。

リベラルだろうが保守だろうが関係ありません。左右関係ありません。政治というもの、民主主義と謳っているものすべてに対する呪詛が週刊誌にはあるんです。僕と似ているところもあります。**本当のことを言う人**です。古代ギリシアの話を思い出しましょう。**パレーシア**ってことです。真実を語る人たちでもあります。

でもそのために芥川賞だとか芸能人がどこかでセックスしてたとかどうでもいいことを書いているのです。そういう意味ではダサいです。でも、金をくれる人がいないから、読者たちを味方につけて政治家を潰す金を作らないといけません。

民主制についても考えてみましょう。

保守もリベラルも、はい全部ダメです。それが見分けられないのはまずいです。どれもこれもダメ。違いはまったくありません。そういうものです。原発の時の政権の動きもひどいものでした。僕だったら全員やっています。それくらい役立たずの……、しかし、世の中はそうは動いてません。なぜなら民主制だからです。これが民主制の問題でもあります。

どういうことでしょうか。つまり、愚政にダメと言うことはできます。なぜなら民主制だからです。ダメと言っても殺されません。なぜなら民主制だからです。みんなに権利があるらしいです。その民主制何ちゃらは人権とか言います。というわけで、ダメな政治家全員にも人権があるんです。あんなどうしようもないのに、ですよ？

あの政治のどこが政治家なんでしょうか。僕ならもう少しまともな政治をすることでしょう。しかし、僕が政治家になると僕は殺されます。だから僕は政治家にならないのです。それは死を恐れているからでしょうか。

いいえ違います。無駄死にするからです。それでは僕の真なる目的が達成できないからです。だからこそ、僕はお金の学校という塾講師に成り下がっているのです、いやいやそんな自己卑下はいけません。僕は自分を救うことができる人間です。大丈夫、きっとうまくいくよ。僕はこう言い聞かせます。

だから僕は大丈夫です。僕なりに戦う必要がありますし、僕なりに戦うのです。でも無駄死にしないように政治家にはなりません。これはソクラテスが政治家にならなかったのとほぼ同じ理由です。彼もまた、政治家になれば殺されるから、政治家にならなかったのです。でも人前では話し続けました。そして、真実を言い続けました。もちろんそれでも最後は殺される運命にあるのですが。

つまり、僕もいつかは殺されるでしょう。なぜなら**本当のことを言っている**からです。しかし、今はまだ、ただの気のいい兄ちゃんです。僕もその振りをしてますが、相手もそういう人間だと思ってます。だから殺されることはありません。心配しないで大丈夫、きっとうまくいくよ。

民主制の問題は、ダメな政治をくり返す政治家にも選挙権があるということです。あんなにくだらないのに、民主制においては「お前はくだらないから選挙権ボッシュートです」とヒトシくん人形を取り上げることができないんです。

つまりどういうことかと言うと、民主制ではくだらない人間をくだらない人間だとみなすことができないんですね。もちろん悪さをすれば刑務所に入りますよ。でも刑務所なんて、逆に考えてみると最高の三食付きのホテルなわけです。言うことさえ聞いて丁寧な作業をしていれば楽しく過ごせます。でも選挙権は剥奪されないんです。

政治家が全員くだらないのはそういうわけです。**人間はみなくだらないが基本**です。だからくだらないやつがくだらないやつを選ぶことができます。これが民主制です。つまり、総理大臣が全員くだらないのは僕たちが全員くだらないからで、民主制のおかげで帝王学みたいなことも誰も教えられません。全員くだらない学校に行きます。そして、みんなで一緒にお遊戯しましょうのノリで勉強してます。

まじやばいです。勉強ってそういうもんじゃないってことはこのお金の学校に通うみなさんならわかってくれるはずです。

つまり、**勉強とは生きるか死ぬか**なんです。

そんなことも勉強せずに生きてるから死にたくなるんです。だから自殺者急増の原因はこのくだらない教育にあるのです。だからこそ、このくだらない僕でもやばいと思って、それなりに命をかけていることについて学校を開くしかなかったんです。あまりにもくだらないからです。

それを民主制だ人権だなんだかんだ差別はいけないだなんて言ってみんな幸せそうに一緒になろうみんな一緒だ、みんなで一つにみんなのために、ワンフォーオール、オールなんとか……って、そんなことをのうのうと言い続けているのです。

大事なことは差別は時には必要だということです。どういう時に必要となってくるかというと、くだらないやつは排除しないと大変なことになってくるから、お前はくだらないやつだ、と言って、くだらなさに短剣を突き刺す時です。その時に差別が発生してます。差別はいけないと言うと、それもいけないことになってしまいます。それが民主制です。

だからくだらないやつが政治家なのです。そいつらが牛耳ってるのが教育です。だから現在、僕たちはどうやってお金を稼げばいいのか、経済を生み出せばいいのかさっぱりわからないくだらないやつ、失敬、かわいい子ちゃんになってしまったというわけです。

やばいっしょ?

＊

じゃあどうするか? また古代ギリシアに戻りましょう。当時の哲学者、アリストテレスは民主制だけではだめで、そこに君主制が入り込んでこないといけないと言いました。君主制。つまり、**王**、ってことです。王が必要なんだと。王は、こいつくだらないから殺せ、と命令することができるからです。

それが王ってことです。王は差別することができるんです。しかし、くだらないやつが王になるとくだらない世界になります。つまり、差別をする人ってのが、いい感じじゃないとやばいんですね。

もちろんなにが正しくて、なにが悪いのかって選ぶのは難しいです。でも難しいからって選ばないで、みんな一等賞ね、と言ってゆるゆる生きているのが今のくだらない私たちです。

大丈夫ですか? いや、僕は今日はきっとうまくいくよ、とは言いません。この民主制だけでは、全然大丈夫じゃないんです。つまり、僕のおまじないにも例外があります。

僕はくだらないやつには短剣を突き刺してしまうのです。誰かをいじめる人に対してだけは僕の態度はすべて豹変して、まじでお前は許さんというモードに入ってしまいます。民主制ではこのような、しょうもないやつがしょうもないことをやり続ける世界が広がってしまうのです。こりゃいかん。

アリストテレスはそこで王が必要だと言った。

何の話をしようとしているかと言いますと、週刊誌の話です。彼らは政治家を潰そうとしてます。民主制に対する反乱です。しかし、民主制の中ではなかなか言いたいことも言えません。

しかし彼らは言えます。なぜなら王がいるからです。彼らの中の王とは何でしょう。それがお金です。週刊誌はそういうことを書けば書くほど、金になるんです。だからお金という王の影から政治家を潰そう、つまり、民主制を潰そうとしてます。しかし、問題はその王のことです。**王に品格があるかどうか**ってことです。

王は芸能人のセックススキャンダルなわけです。それで売ってるんです。くだらないんです。週刊誌は王である芸能人のセックススキャンダルに平伏しているわけです。そのお金で民主制を潰そうとして、なにが変わるでしょうか。つまり、王の品格、これがこれからの時代に求められているということです。

天皇はどうなのか？　天皇もまた王です。

しかし、宮内庁に完全に牛耳られてしまっており、これでは王とは言えません。ガラスケースの中の王、と言いますか、博物館の中の王です。別に侮辱しているわけではありません。僕はむしろ天皇をガラスケースから出して、僕の王となって欲しいです。そして、僕は王と一緒に本気で自殺者ゼロ運動を実践していきたいです。民主制を潰して、新しい共同体を作りたいです。しかし、それは今はできません。ガラスケースの鍵は厳重に監視されているからです。王である天皇を侮辱しているのは、宮内庁であり、それらを作り出している今の国家であり、その国家に税金を納めちゃってる私たちなのです。

＊

一体、どこに王がいるのでしょうか。

週刊誌の王である、芸能人のセックススキャンダル金、ではまずいです。

しかし、お金とはそんなに卑しいものなのでしょうか？　僕は考えているのはそこです。**品位あるお金という存在**はないのか。

あります。あのおばちゃんのお金、５０００円はとても品位あるものです。美しさを感じます。そのようにお金というものは、使う人間によって品位をコロコロと変えていきます。つまりは人間次第です。だからこそ教育が必要だというわけです。

ようやく戻ってきましたが、色々ありましたが、だからこそ、僕はお金の学校を立ち上げたのです。それはお金の品位を向上するための行動でもあり、何よりもまずその**お金を使う人間の品位を向上すること**こそが、今の時代に一番必要な教育なのではないかと、僕は真剣に考えているんです。

今日もいろいろ飛びまくってすみませんね。つい熱が入っちゃって。

明日はゆるりといきましょう。今日はガチすぎましたね。自慰して熱冷まししなきゃ。みんなも自慰をしてください。熱くなってはダメです。人が見てないからだといって、自慰も適当にしてはいけません。むしろ、人が見ていない時こそ、品位が試されます。

今日の宿題は品位とは何かということです。それぞれ品位ある自慰とは何かを考えながら、それぞれに自慰してみてください。品位とは生まれ持ったものも大きく作用しますが、訓練によって、つまり教育によっていくらでも向上します。まずははじめの一歩を、品位あるはじめての自慰をあなたなりに考えて実践してみてください。いいですか?

大丈夫、きっとうまくいきますよ。

僕はあなたたちが大好きです。学ぼうとするそのひたむきな姿勢に感謝します。

坂口恭平でした。

9

模倣を三つ揃えると経済になる

坂口恭平の経済史❶

今日は僕のこれまでの経済のこと、お金のことについてどうやってきたかを話してみることにしてみましょう。

まずは僕が生まれて初めてお金を稼いだ時のことから話してみましょう。

みなさんは覚えてますか？　あなたが生まれて初めてお金を稼いだ時のことを。僕はしっかりと覚えてます。なぜならば、楽しかったからです。笑えたからです。嬉しかったからです。その時覚えていることは、お金の金額はどうでもよかったということです。そんなことはちっとも問題ではなかった。それよりも、僕の行為がお金になった、誰かが払う気になったという事実が嬉しすぎました。

まずはこのお話からはじめてみましょう。今日は今までお金をどうやって稼いできたかの話をできるだけ話してみたいと思ってます。

僕が生まれて初めてお金を稼いだのは、小学5年生の時でした。

総額200円くらいでした。どうやったかというと、物を同級生に売ったのです。当時はサンリオの文房具が全盛期を迎えていました。

けろけろけろっぴとかゴロピカドンとかキティもそうですね、僕はハンギョドンとかボ・ボクねずみ小僧だい!とかも好きでした。文房具がとにかく好きでした。中でもみんなのたあ坊が好きで好きで、何であんなに好きだったんですかね、今はたあ坊元気にしてるんでしょうか。あんまり見ません。でも当時、僕はすべての文房具をみんなのたあ坊で揃えてました。

下敷きに定規に鉛筆、消しゴム。とにかく僕は文房具が好きすぎて、そういえば、当時、僕の机の上に転がっている文房具たちが、僕がいない間に意識を持って、キン肉マンみたいに戦いあう『モノモノくん』という漫画のシリーズも描いてました。今で言うとトイストーリーみたいな感じです。あれのバトル版みたいなものを描いていたんです。

漫画はどうやって描いていたかというと、A4の無地の紙を半分に切るんですね、そしてそれぞれ二つ折りして重ねる。そしてホッチキスで留める。そうすると、表紙と裏表紙がある六ページの無地の本みたいなものができ上がるわけです。そこに毎回六ページの連載一回分の漫画を鉛筆で描いていくわけです。本にする前に描いたら描きやすいのに、いつも本にしてから描いてました。だって本ですからね。自分で本を作ることができると知った時の衝撃もまた忘れられません。

僕は小学一年生のときから漫画を描いています。

『週刊少年ジャンプ』が好きで、でもやっぱりキン肉マンでしたね僕は、銀牙も聖闘士星矢も好きでしたけど、お笑いが入ってる方が楽になるっていうか。そこで僕はこの前NHK（「私だけかもしれない講座」）でもお話ししましたけど、キン肉マン→マッスルマン、マッスルだとそのままなので音だけ合わせてハッスルにすり替えて、『ハッスルマン』という漫画を描きました。それが初の連載物の漫画です。小学一年生のときです。やる気です。

二年生になっても、三年生の一学期まで僕はハッスルマン一本でやってました。丸二年は連載していたわけです。あのA4の六ページの漫画を、です。そうすると、漫画は溜まっていきます。読者は弟だけでしたが、弟は食いついてました。そして、僕も食いついてました。僕は自分の漫画を読むのが本当に好きだったんですね。

僕の机は漫画の仕事場でもありましたが、次の連載をどうやって展開していくかの編集部でもありました。そして、読者である小学生の僕もいたんです。

以前にもお話ししましたけど、ここで**僕は増えている**んですね。

漫画家の僕、編集者の僕、そして読者の僕、そして読者の弟、さらにはハッスルマンという名前になぜしたかというと、僕が住んでいた団地は一一棟だったのですが、隣の一二棟に一年先輩のよく泊まりに行っていた広島カープファンのコウちゃんが住んでましてて、コウちゃんがまさにキン肉マンではなく『マッスルマン』という人気連載を描いていたんです。

コウちゃんは画力があり、キン肉マンにあるギャグ要素ゼロのガチのバトル漫画を描いてました。これがまあすごかったわけですね。だから**僕はパクった**わけです。だからマッスルからハッスルにスライドしたわけです。

僕は当時はそんなに絵がうまくなかったです。でも絵を描くことは好きでした。学校に行く前に、朝の六時に起きて、机に向かって、漫画を一時間毎日描いちゃうくらい好きでした。当時から毎日日課を作って、それで作品の量をためるって作業はやってたってことです。これは今も変わりません。

だから量がたまりまして、ではそろそろ単行本を、みたいな話に編集者となるじゃないですか。そこで僕も編集者と話をしたんですね。全部自分の中ですよ。でも増えているんです。つまり、それが**経済**ってことなんですが、自分の中の増えていくもの、予感だけじゃないですよ、実際に増えているわけです。それを感じています。

編集者は単行本ではなく、それを超えて、もう雑誌作っちゃいなよ、と他の連載も描けみたいな話になったんです。こうして生まれたのが『モノモノくん』というピクサー寄りの物語漫画です。この二大連載が収録された雑誌を作ろうって話になりました。その編集者、チグカサってやつなんですね。鳥山明さんの担当のトリシマを逆さまにしたのがDr.マシリトだったわけで、あんな感じの厳しい編集者なんですが、そいつがいつもネーミングは考えてました。

「ジャンプだろ、ジャンプだろ、ジャンプする前に人間は何をするんだよ、おい坂口」

「え？」

「だから飛んでいくんだよ、坂口お前は、世界に羽ばたく、世界にジャンプしていくんだよこれからおい」

「はあ」

「だ〜か〜ら〜、雑誌の名前は何？　もう出てきてるでしょ」

「わかんないす」

「もお、お前は作品を作ることばっかりだな、作品は世にうんこみたいに出さないと肥料になんないいんだよ。お前の腸破裂するぞ」

「はあ」

「週刊ホップステップでしょ」

「え？」

「お前はまだ未熟者だ、世界には羽ばたけねえ、でも諦めちゃいない、俺だってそうだ。俺だって、お前みたいな新米漫画家の担当になったからには夢を抱くよ、いつか世界にジャンプする鳥山明みたいになれと願いを込めての……」

「ホップ、ステップ……」

「ジャンプ！」

「……」

「決まりだよ。お前がなんと言おうと、タイトルはいつも俺が決める。雑誌の名前は『週刊ホップステップ』だ」

というわけで敏腕編集者チグカサによって、僕が作った雑誌はホップステップと命名されました。

これはどうやって作るかというと、連載ものの六ページの漫画たちを順に重ねて、今度はホッチキスで一気にカチャンとできないので、木工用ボンドを背のところに厚めに塗るんですね。そうすると、これまた本になります。

さらに今度はＡ４の紙じゃなくて、お菓子の空き箱みたいな物を母ちゃんにもらってきて、それでハードカバーをつけることにしました。表紙はモノクロじゃつまらんということで、色鉛筆で彩色まで施して、それで雑誌『ホップステップ』の完成です。さすがに僕は感動しました。自分の漫画が続けて読めるってことに。結局二つの漫画が合わさった単行本を作ってたってことなんですが、僕の中では初めて雑誌を作ったのです。

＊

このように僕はなんと言いますか、まずはすべての形を模倣したわけですね。

しかし、模倣を起源としない人間の行為は存在しないとベンヤミンも語っていた通り、それこそこの今使っている僕の言葉、**言葉こそまさに模倣**なんですよね。僕の感覚、言葉にできない感情、感覚、直感、それらすべての模倣なわけです。どうにか言葉というものに置き換えてますが、実際は違うわけですから。言葉が模倣の根源とも言えるかもしれません。

そんなわけで、人間はみな模倣するんです。

なんだよお前人の真似ばっかりしてんじゃねえよなどと決して人に言ってはいけません。それが自然な行為だからですし、あなたもまた常に日々模倣しているからです。つまり、**経済の基本もまた模倣**であるのです。

僕はゆでたまご先生の模倣をしたコウちゃんの模倣です。ばったもんです。でもいいんです。それが基本ですから。ちゃんと段階を踏んでいるってことです。経済が模倣であると同時に、模倣もまた経済です。

つまり、模倣にも流れがあります。

ハッスルマンはバレバレの模倣です。しかし、そこにモノモノくんというトイ・ストーリーの模倣、いやそれはおかしいですね、未来の模倣だなんて、ま、いいです進めましょう、さらには週刊少年ジャンプの模倣としての週刊ホップステップ、このように模倣は増えていくことで、僕にしかできないオリジナルな生き方が発生してきます。コウちゃんも「雑誌を作るってところまでには至らなかった」とそこで初めて悔しがってます。

つまり、模倣は一つだけだと、お前、人の真似すんなよ、と怒られます。それでは流れて行かずに、盗作として訴えられてしまうことになります。しかし、モノモノくんはもう少しほんわか系の線で描きました、たぶんこれはサンリオの模倣だと思います。サンリオのバトルものってことですね、さらにそれを束ねて雑誌にしたってところが僕の経済です。もうそこまで言ったら、ジャンプの模倣としてのその前のホップステップですので、安直なのですが、その安直さがむしろ、オリジナルの面白さを際立たせてます。模倣が二つではまだ、それぞれのものをそれぞれにパクっているやつでしかありません。模倣が一つだと俺の真似するなと怒られます。しかし、三つ合わさると、もう誰も怒れません。つまり模倣が二つではまだ流れないんですね。**三つになると、流れはじめます。**

コウちゃんだって納得してくれるし、その時にはもうハッスルマンを描いたことは和解しました。ハッスルマンだけ描き続けて、それで学校に持っていって人気でも出たら、コウちゃんに絶交されていたと思います。しかし、僕はさすがにそれはコウちゃんに悪いなって思ったんです。だって、僕が漫画を描くきっかけを与えてくれた人です。インフルエンサーです。

だったらリスペクトしたい。そして、僕自身もインフルエンサーになりたい。だったら努力するしかない、みたいな流れだとめんどくさいじゃないですか。楽しくないじゃないですか。そうじゃなくて、パクる人を他に見つけるんです。しかも他に二人見つけるんです。そうすると、オリジナルになります。そうすると、怒られないんです。つまり、流れるんです。つまり、それが経済です。

つまり、模倣は一つだと流れないが、三つ揃うとオリジナルになっていい感じに流れ始めるってことです。流れるんですから、もうみなさんはわかりますよね。

つまり、**模倣を三つ揃えると経済になる**ってことです。

この世にオリジナルなものはないなんて言葉がありますが、そもそも言葉が模倣なんですから、この世に模倣ではないものがないいんです。かと言って模倣するだけでは、いつまでたっても、そのパイオニアが見つけ出した楽しさからは脱却できないんですね。だから**模倣を複数化させる**のです。

模倣の複数化が経済です。それがオリジナルってことです。オリジナルは流れるんです。模倣一つでは経済にはなりません。しかし、パクってお金を稼ぐことはできない。模倣一つでお金は稼げるが、経済ではないんです。つまり、楽しくはないんです。ぱったもんの世界です。すぐに滅びます。しかし、それは惜しいんです。模倣をさらに二つ足せばお金も稼げるし、経済にもなるんです。ここは大事なところです。頭に入れておいてくださいね。

＊

というわけで、僕はお金を稼ぐよりも前にまずは経済を見出しました。その第一作目が週刊ホップステップという雑誌なんです。

それは三年生の一学期、その夏休みに僕は福岡から熊本に引っ越して、コウちゃんと別れてしまいますが、九歳の時に僕は自分の経済を見出しました。興味深いことにお金は稼いでません。それでいいんです。よかったんです。つまり、僕は経済とお金が違うものだということに最初に気付けたのです。

それはお金が稼げなかったから気付けたんです。お金を稼ごうとすらしませんでした。お金というものに興味もなかったのです。みんなは週刊少年ジャンプを毎週買ってもらうために親からお金をもらおうとしました。僕は一度もお金をせびったりしませんでした。なぜなら、それは立ち読みで十分だったからです。

同じ一棟のタカちゃんには六年生のお兄ちゃんがいまして、彼もまた漫画家だったのですが、毎週しっかりジャンプを買ってらっしゃいました。そこにいけば読めるんです。しかも僕は物語の中に没頭することができませんでした。根っからの経済野郎なんです。一切のファンタジーがないんですね。みんな同級生は物語の中に没頭しては、来週はどうなると展開を予想してました。僕はそうではなく、ジャンプの束の厚さや紙質、コマの割り方、タイトルのレタリング、そういうことばかりに目が行きました。

なぜならどうせ**自分で作った方が面白い**ってことにこの時点で気付いていたからです。

時を同じくして、僕がちょうど小学一年生のときに、宮本茂さんがスーパーマリオブラザーズを生み出します。

ファミコンにも僕は衝撃を受けましたが、またまたゲームの物語の中に没頭することができませんでした。どうしてもうまくなりません。

理由はゲームの中身に興味がないからです。どうやってゲームが成り立っているのか、つまり、どうやってゲームが流れているのか、僕はやはりゲームというものの中の経済に興味があったんですね。

すると、どうなるかというと、ノートを取り出して——僕はとにかく紙が好きです。**紙こそ僕にとっての経済**なのですが、ここではなんでも試せます。僕の経済の訓練はすべてこのノートの上で行ってます——コインやキノコが出てくるハテナボックスや、地面、雲、山、などをまずはノートに描き込んで、ノートを横スクロールできるようにセロテープで巻物みたいにつないでいきます。

そして、マリオの絵を描いて、割り箸に貼り、人形劇ができるような感じにして、クリボーとかノコノコとかクッパとかも割り箸に貼って敵を作ります。そして、弟にマリオ役をさせて、僕が敵の役をになって、ペーパーマリオと名付けてゲームを作ってました。

まさか、のちに本当に任天堂からペーパーマリオが発売されるようになるとは思ってもいません。つい僕は「俺の真似をしやがって」と小言を言いましたから。あれは僕の作品です。でもいいんです。当時、発表しなかった僕が悪いんです。と言っても、経済ではないとは言い切れません。今、こうやってみなさんに伝えているんですから。しかも当時、弟はとにかく楽しんでくれましたから。楽しいのが経済ですよね。

ま、こんなことばかりやってました。僕はみんなみたいに物語、ゲームに没頭できないなと思いつつ、でも、僕が好きなのは、**衝撃を受けたものを自分で作ってみる、それらを組み合わせて、新しいものを作る**ってことでした。つまり、僕はゲームや漫画にはハマっていませんでした。経済をつくることにばかりハマっていたと言えるのです。

それが小学五年生の時に、ビッグバンを起こします。

最初にお伝えしていたように僕は文房具にハマってました。みんなのたあ坊に衝撃を受けてました。一番適当なキャラクターに見えたんです。なんでこんな適当なキャラクター、やる気もなんもないのに、いつもただ幸せそうに笑ってるこのたあ坊をキャラクターにしたのか、サンリオの企画会議の通過っぷりに感動していたと言えるのかもしれません。

　ということで、僕も模倣することにしました。ここで大事なことは、衝撃を受けたら、まずはすぐに模倣してみろってことです。このスピードが大事です。なぜならスピードこそ、流れていることの証だからです。

＊

　今、お金の学校をやってます。これ大変な分量の原稿なんですけど、みんな飲むように読んでます。早いです。僕が書くのも早いです。リアクションも早いです。入学金はとうとう一〇〇人の方が払ってくれました。１０００万円じゃないですか。

　まだ初めて一〇日間も経ってないんです。早いです。つまり、これが経済です。これが流れです。

　みなさんも今、流れの中に身を委ねていると思います。早さを感じないくらいに自然なんだと思います。毎朝原稿が届くのが当然になってます。僕も書くことが当然になってます。何を今日は書こうかななんて一秒も考えません。思案せずに思うままに飛び出てくる。これが経済です。なぜなら流れているからです。なぜなら楽しいからです。

だからお金が回ります。
お金は自由になって、あ、これいくらだっけ? ちょっと高いなあとか考えません。お金はただの流れる水に変化します。ターミネーターT1000みたいに、お金は硬貨や札束であることを物質であることをすっかり忘れて、液体になって、気体になって、ついにはプラズマになって、そこら中に散らばっていきます。

でもカオスではありません。そこに**潮流**があるのです。見えない道、潮の流れです。これが経済です。ヨーロッパから高知県の片田舎までひとっ飛びです。もちろん、流れですから、無料です。お金が流れているのに、無料の感じってことです。自由ってことです。取り放題食べ放題触り放題好きにしていいんです。

品格は重要ですが、それさえ守って礼儀正しく自由にしていられるんです。満足しますよね。満たされますよね。嬉しいですよね。そうなればなるほどさらに流れは早くなります。

というわけで、経済が発生している時には、このスピードが発生してます。チェックするのはそれです。ゆっくりになったり早くなったりするわけではありません。とにかく早いんです。別に急いでいるわけではありません。自然と早いんです。魚が必死に泳いでますか? そんなことはありません。彼らはエスカレーターみたいに高速道路みたいに流れていく潮を常に読んでいるわけです。為替を読んでいるみたいなものです。魚が動くということ自体が経済なのです。流れそのものですから。あのイメージで。

引っ掛かったら、すぐにやめてください。お金がもっと稼げるからと言って、遅くなってるのにやり続けるのはいけません。入学金制度のことですが、僕は最初一〇〇人限定と伝えたので、そのまま売り切れにさせました。すると、すごい数のもっと入学金を払いたいという流れのメールが送られてきました。メールだって流れです。早いです。

そこで僕は時間で決めて、後六時間流れさせようと決めました。その間一七人の方が流れてきました。そこで打ち切りにしたのです。お金だけで言えばこれから最終回がまだなのに、なんでもっと稼げるじゃんと思われるかもしれませんが、僕は流れに少しの停滞も同時に感じたのです。

それは僕の気持ちです。そこまでお金はいらないんです。僕の予想を超えたからです。そこで僕は打ち切りにしました。あまり重くなっては遅くなるからです。早いままが好きです。楽しいです。1000万円も入ってそれ以上も欲しいだなんて重くなるだけです。次に行きましょう。

僕はすでに編集者に50万円、デザイナーに完成したら即日で50万円払うと決めました。

僕はもう次に向かっていて、次の早さに流れているのです。印刷所も決めて、見積もりを出してもらってます。次はこの原稿をお金の学校という新作の本にしようと思っているのです。雑誌ホップステップと同じような気持ちで。いつも僕は同じなんです。

お金の学校はどんな模倣なんでしょうね。

お金の学校は『金持ち父さん貧乏父さん』の模倣です。でも大事なことは、金持ち父さん貧乏父さんを僕は読んだことがありません。ただ売れてるビジネス書って認識なだけです。別に熟知しなくていいんです。僕には形だけが必要なんです。

しかし、それでは『夢をかなえるゾウ』みたいになっちゃうじゃないですか。あれはあれで名著だとは思いますが、売れることが僕の目的ではなく、経済、つまり楽しいことが目的です。

夢をかなえるゾウってのは数多の自己啓発本の模倣です。模倣の複数化はだから模倣の無数化と言えるほどまでできているのですが、その模倣の種類、角度が同じなんですね、同じ模倣を無数繰り返していると言えます。模倣の無数化ですが、単調な模倣の無数化のため、確かに経済にはなってますが、ずっと楽しいというわけにはいかないんですね。今読むと、へえ、くらいで終わります。

僕もお金に関する自己啓発本みたいな形を模倣してはいます。で、次の模倣が、ソクラテス先生です。これはソクラテス先生についての本をいくつか読んでいるうちに僕の体の中にソクラテスの模倣体が出来上がってしまったんですね。

というわけで、この学校の中の言葉は実はソクラテス先生の言葉から拝借してます。でもそのようには誰も読めないってくらい変形させてます。でも僕の中のソクラテス先生が話したことをそのまま書いているんです。

ということで、今のところお金の学校はロバート・キヨサキの模倣、そしてソクラテスの模倣が入ってます。でもこれだけじゃ二つです。あと一つ必要です。そこで僕は幼少期の坂口恭平の模倣をすることにしました。あのペーパーマリオ、文房具、ホップステップ編集長だった頃の僕の模倣です。

つまり、**全部自分でやる**ってことです。

自分で作っているんです。これから本にもなりますが、その時に僕は版元「坂口恭平」(KyoheiSakaguchi)を立ち上げます。お金も全部自腹でやります。もともと自腹でやる気だったんです。そこまでやるつもりではじめたんです。もともとが、税理士から今年お金を稼ぎすぎているからこのままだと税金で全部持っていかれちゃうから、経費ってなんかないかなあ、恭平さん物欲全然ないからお金が減らないんですよ、そうすると売上がありすぎて、経費がかからないってことは、その分税金が取られるってことなのよ。と言われ、僕は妻の生命保険として500万円払ったりしてました。

でもまだそれでも足りないっていうんです。今度は僕の両親や弟妹を執行役員にして、そうすると給料は払わないでいいですから、その執行役員に生命保険をかけるという方法もあるのですが、何か面白いことできないかなあと思って、それなら出版でもしてみよっか、そして、盛大に失敗でもしてみようか、なんて面白いことを考えたわけです。

だからお金の学校も全部無料でいいです〜、入学金後払いでいいです〜、みたいな余裕綽綽だったわけです。あれは痩せ我慢でもなんでもなくただの余裕だったからなんです。そもそもこの学校自体が遊びで始まったわけです。経費として始めたつもりだったんです。

しかし、予想が大きく狂ったのは、ここに流れが起きはじめたんです。

まあ、もちろん薄々気付いてはいましたよ、だって、今のこのご時世、余裕綽綽のただお金をドブに捨てるみたいなことをする人いますか？　あ、前澤さんもそんなことやってましたね、大富豪。彼も税金で払うよりも、経費として、お金をみんなにばらまいた方が、みんなから好かれるし、フォロワー数も世界一になるし、良いわけですよね。

宣伝費ってことです。

その額が半端ないですけど、賢いなあと思います。それで実際に助けられた人もいるわけですから。ま、僕は彼とは違って、別にたいして稼いでるわけじゃないんですけど、それでも大きな失敗をしてもいいから好きに思うままに挑戦できる環境であったことは間違いありません。

僕は結構、危なっかしいやつだと思われたり、直感的に動く野性的な人だと思われたりするんですけど、実は全然違います。僕は人生で一度も地雷を踏んだことがありません。つまり、失敗というものをしたことがないんですね。やばいですね自慢ですね。いや自慢ではなく、これこそが**生き延びる技術**だと思っているんです。僕のいう失敗とはつまり致命傷を負うってことです。僕は生きるか死ぬかしか考えてないので、ほどほどの何も起こらない人生みたいなものは考慮してません。そんなのつまんないっす。つまんないくらいなら死んだ方がマシだの精神です。だってそれって自分の保身のために何も起こらないようにするわけですから。

つまり、何も起こってない人は安心してください。それはあなたの保身のためにあなたが仕組んだことです。あなたはそうやって安心したいんです。だから何も起こってないんです。退屈なんです。それもまた人生です。人間はいろいろあっていいんです。僕にとってはつまんないだけです。

僕にとっては失敗とはすなわち死を意味するわけです。死とは再起不能になるってことです。絶対に避けたい、というか、そうなったら死ぬって決めてるくらいです。だから絶対にミスを犯してはなりません。

みんな失敗してもいいんだよー、みたいな世界でよく生活していられますね。うらやましいです。僕には考えられません。

だから僕は絶対に失敗をしない方法を死ぬ気で考えるということをよくします。でも石橋を叩いて渡ろうとも思いません。後ろから殴られて終わりです。そうじゃないんです。絶対に失敗しない、だからと言って安全策をとるわけでもない、早く即断して、自由に動き回れる**環境を作る**ってことです。

どうやったらそんなことができるのか。今日は、そんな話につながるのでしょうか。そして、話はちゃんと終わるのだろうか？　ではまた来週、ってくらいに、序盤でもうすでにかなり時間使ってますが、無駄なことは何一つ言っているつもりはありません。

失敗しないようにするには、自分の力を一〇〇パーセント使う必要があります。それは素直でないとできません。**大事なことは素直であることだけ**です。これが経済の基本です。ずる賢くしてはいけません。絶対に失敗します。失敗しないために、すべてを明らかにするのです。僕の内訳もすべて見せるのです。

素直でいるとあらゆるものが流れてもいいのかって思えるようになります。素直は物質の精神を変えるのです。これは人間のすごい力です。これが一〇〇パーセントの力です。隠してはいけません。嘘をついてはいけません。自分の力に正直になるということです。これが自分を救うんです。ソクラテスはそれを自己への配慮と言ったわけです。

教育とは、炎を燃えあがらせることであり、入れ物を埋めることではない

これもまたソクラテス先生の言葉です。どうですか？　燃え上がってますか？　僕はあなたたちを型に嵌めようとは思ってません。なぜならソクラテスだからです。口にはしませんでしたが、申し遅れました。わたくしはソクラテスです。サカラテスかもしれません。すぐそんな冗談ばかり言うのです、そうでした、話を戻しましょう。

小学五年生の時の僕もそうだったんです。ダジャレです。サンリオじゃなくてサカリオってのを作ったんです。文房具メーカーです。資本金0円です。これが僕の**生まれて**

初めて作った会社です。オリジナルの文房具を作る会社です。

当時の売上高は200円でした。もちろんたいした額ではありません。でも売れたんですよ。五年生の時に、みなさん売った方はいますか？　小学生の時に。そういえば小学三年生の時のアオは10万円です。僕と比べて雲泥の差です。でも僕がパイオニアなんです。それは比べものにはなりません。すぐそうやってムキになるのも僕の特徴です。

さ、どうやって稼いだのかをお伝えしましょう。

＊

用意するものはいつもA4用紙です。

そして、色鉛筆と定規で横線を入れます。はい便箋を作るんです。下の方にはキャラクターを描くので空けておいてください。そして、好きなキャラクターを描き込んでください。

僕が第一作目、サカリオの顔として生み出したのはキリギリスのキリギスというキャラクターでした。子供の時、キリギリスってなんかふざけた遊び人のイメージじゃないですか。アリが素晴らしくて、キリギリスは冬凍えて死ぬじゃないですか。それが童話にもなっているし、むしろ教訓みたいになってるじゃないですか。

僕はああいう話が本当に嫌いでして、なんか説教くさいっていうか、つまんないやつが書いたと思うんですよね、それをつまんないやつが利用している。だから僕は子供用の読み物、みたいなものが大嫌いなんですよ、そういう教訓めいたものが。

僕は林明子先生の絵本で育ってまして、とにかく自由、色も気持ちもどこまでも現実の中なのに、軽くてどこまでも歩いていこう、夢の世界じゃなくて現実を素敵に気持ちよく歩こうみたいな感じで生きていたんですが、なんか現実は厳しいみたいなことを言いたがる大人多すぎるじゃないですか。

あれが本当に嫌いで、アリとキリギリスの話だと、とにかく僕はキリギリス派だったわけです。だって、キリギリスは真面目に働きすぎてるアリに、音楽という心を豊かにさせるものを提供したではありませんか？　みんな聴いてるわけですよキリギリスの音楽を。なんで、重い荷物を持つことの方が大事な仕事なんですか？　そんなことさせられてることに疑問を抱かないんですか？　女王アリが牛耳ってるんですよ。奴隷ですよ奴隷。なんでそんな決められた時間働けみたいに言われて、そのまま鵜呑みにして働くんですか？

と僕は馬鹿だから先生に質問していたイタズラ小僧です。鼠小僧が好きな小学生でしたから。基本的に心の豊かな泥棒とかが好きだったんですよ。なんか清々しくてね。キリギリスだってそんな僕のヒールヒーローみたいな感じで憧れでした。僕だって、死ぬまでバイオリンを弾いて暮らして飢え死にしたいとまで思ってました。

ということで、翌年、バイオリンは無理と言われ、ギターをおじいちゃんからもらって弾き始めるんですけど、しかも、いまだに僕は歌ってます（笑）。いいですよね、こういう首尾一貫しているところが、僕は自分のそんなところが好きです。キリギリスが好きでギターを弾いて今でもキリギリスのような人生を歩んでいるのは、なぜならそのような人生を歩むとその時に決めたからなんです。

だから今、こうしてみんなの前で口にするのが楽しいんです。だって、あの時の僕と再会できて、褒めてあげることができるからです。よくぞ、アリ派にならなかったな、と。キリギリスは別にアリに食料なんかもらいません。キリギリスは自分で食べます。ただもしも冬、飢饉になってみんなで困ったらどうするかって時にでもキリギリスは音楽を手にしたというわけです。人の心を豊かにさせようとしたんです。

それをなんでアリは備蓄している食料をあげないんですか？　意味がわかりません。僕が先生ならアリになってはいけないと伝えます。自分の財は人に分け与えなさい。さもないと死にますよ。流れないんだから。その財は死ぬんです。経済ではないのですから、その共同体からは除去されるんです、と伝えますよ。

というわけで、僕はキリギリスが主人公のキャラクターグッズを作ったわけですね、便箋を作ったら、次はその便箋をいれる封筒作り。これは好きな封筒を分解したら、どこに折り目をつけたらそうなるかがわかります。もちろんこれもA４用紙と糊さえあれば簡単にできます。するとこれでレターセットができるわけです。記念すべきサカリオの初めての商品です。

さて次はどうすれば文房具メーカーが発売したレターセットになるんでしょう。僕はいろんな文房具を見ながら、閃きました。なんとすべて透明のＯＰＰ袋に入っていたんです。これには目から鱗でした。なんとなく今のところただの紙に色鉛筆で絵を描いただけみたいな感じが残っているんですよね。それがＯＰＰ袋に入れるだけで一変するんです。すべて変わる。

母ちゃんに相談しました。すると、母ちゃんはそんな袋をたくさん持ってたんですね。なぜなら母ちゃんはお菓子作りが好きで、誰かにあげる時にちょっとそういうものに入れると喜ばれるんだって言ってました。

で、さっそく透明の袋をもらってきて、便箋を入れてみたんですよ。便箋二枚と封筒二枚のセットを一つの透明の袋に。すると、まさにこれが文房具メーカーサカリオの第一作の商品になったんです。袋の中のキリギスの顔が引き締まって見えました。

さらに名前シールってあるじゃないですか、青い枠とか赤い枠とかのあれを袋に貼ったらさらに商品っぽくなりまして、思わず僕は50円って書き込みました。初めて自分が作ったものに値段をつけた瞬間です。みなさんはありますか？　値段をつけたことが？　楽しいですよ。今すぐ何か作ってみてください。そして、値段をつけてみてください。楽しいですか？　確認するのはそれだけです。僕は楽しかった！　つまり、流れてますね。経済ですね。

翌日僕はそれを五セット持って学校へ行き、興味を持ってくれた女性五人に手渡しました。

いいんです。**先にお金は絶対に取らないこと**。それじゃ流れません。だって、僕が作ったものを人はまだ商品とは思っていないじゃないですか。だから焦ってお金はもらいませんでした。でもきっと大丈夫。なぜなら袋に入ったものを取り出した時、僕はなんとも言えない感動を味わっていたからです。自分でさえそうなのです。

だって、自分の性器や性感帯を触って私たちは普段からたびたび自慰するわけですけど、ま、それでも気持ちはいいじゃないですか？ でも、それが他人が触ると、もっとずっと気持ちよくないですか？ なんというか知らない者同士が知らない手で触ったりすること自体に意味があると思うんですよね。もしかして楽しくないですか？ そこ流れてますよねきっと？ つまり、それも経済なんですね。つまりセックスも経済ですよね。売春だけが経済としてのセックスではないんです。

ま、それはいいとして、他人が自分の作ったものを見るときもまたそのような効果があるかもしれないと僕は気付いたんですね。

だって、妹に袋に入れたものを見せたら興奮してましたから。実は第一作の試作品は妹がどうしても欲しいって言うからただであげたんです。だから自信があったんですね。絶対に翌日、彼女らは家に持って帰って「これ恭くんが作ったんだけど」とか言って見せて盛り上がるだろう、と。しかも、そこに50円と書いてあるのを彼女らは、だって恭くんくれたよ、とか言ってごまかすかもしれないが、大人はそうは行かないだろう、と。「**貸しは作るな、いつも貸せ**」は僕のおじいちゃんの口癖でした。だから貸すんですね、僕は。人にこれしてあれしてとは決して言いません。人には「なんでもしてあげるよ」と言います。これぞ生き延びる極意なんですね。極道とも言います。いけませんそんなことを言っては。

だから大人が50円をその子供たちに手渡すだろうと予想したわけです。手渡さなくてもいいんです。楽しいんですから。そこも大事なところです。ま、もらえたらラッキーくらいの気分で、でもその日の夢ではお金をもらってました。あ、僕はいつも**夢で試す**んです。現実では失敗しませんが、夢では失敗してもいいと思って、無茶なことをたくさん試します。

どうやるかと言うと、寝る前にですね、頭の中に教室を思い浮かべます。細かいところまでちゃんと忠実に再現するんです。教室ができたら次は机を思い浮かべ、そして椅子、そして、人間を一人ずつクラスの友達を思い浮かべます。正確に、です。ここがポイントです。

そして、今日の昼休みにキリギスレターセットをあげた五人の女性たちにその夢の中で声をかけるんです。まあ、まだ寝てませんが、寝ぼけてはいます。だから女性たちはポケットに手を突っ込んでくれます。手を広げると50円玉が入ってます。僕は嬉しくなって女性たちに抱きつきます。女性たちもまんざらではない様子です。そのまま僕は熟睡するのです。これが**夢の練習**です。夢で練習するってことです。そうすると現実で失敗しません。

みなさん騙されたと思ってぜひやってみてくださいね。僕はこれで五年生の時、すべてのテストで一〇〇点とって、なんと通知表はすべてオール5に右上に丸までついてたんです。規格外ってことです。もちろんです。失敗しないんですから。夢での練習のおかげです。簡単なことです。イメージするって僕が度々伝えてるその源流がこの夢の練習です。みなさんもその技術を身につけたら失敗という文字が辞書から消えますよ。

というわけで翌日、本当に四人の人が50円を持ってきてくれたんです。一人だけ頑固にお金を払わない子がいましたが、周りの子は払いなさいって言ったんですよ。でも僕はいいじゃないかいいじゃないかと伝えました。

だけど、その子、レターセット自体はとても気に入ってくれて、なんとその便箋を使って、後日、僕にラブレターを書いてくれました。しかも、今でもとても仲の良い友達です。彼女はお金を払わなかった代わりに、好きという言葉を僕に払ったということですね。これもまた流れです。それで僕はより一層学校が楽しくなったんですから。つまり、経済です。

というわけで、今日はサカリオの話でした。

僕の経済についての歴史話はまだまだ続くんですが、今日は、娘の病院の定期検診があって、もう出なくてはなりませんので、今日の授業は早めに終わります。みなさんに宿題はどうしますかね？

宿題はこんにゃくを湯煎して温めて、それを人間の舌の形にカッターで正確に成形して、それを使って、舐められているような感じで自慰してみてください。つまり、人が触ってる、舐めてるみたいな感じと、自分で触った時とどれくらい気持ち良さが違うのかってことを、実験してみてください。これは真面目な実験ですよ。やったらわかるってやつです。経験しないとわかりません。ぜひ宿題もいつも楽しんでやってくれたらと思ってます。

それではまた明日。明日ではまだ終わりそうにないですね。よかったですね。みなさん。

10

健康という経済

坂口恭平の経済史❷

みなさん、夢はありますか？

高校生のとき、僕は建築家になりたいという夢がありました。さて、どうするか。ということについて今日は考えてみましょう。建築家になりたいという夢はありましたが、建築家が一体、どんな仕事なのかってことは全然知りませんでした。家を建てる人が建築家である、ってぐらいにしか考えてませんでした。

そもそも僕が建築家を志すようになったのも、僕が小学生のころ、よく自分の机に画板を屋根みたいにかけて上から毛布で覆って、洞窟みたいな空間を作って、机の下に布団を敷いて、そこで寝てたりしたんですね。そうすると、埃っぽいですから、よく持病の喘息を発症させてたんですよ。

困った両親は僕に建築家という仕事があるから、それになったらいいやん、だからとりあえず今は普通に寝室で寝て欲しい、みたいな感じで、僕は建築家という仕事を知るんです。つまり、僕が作りたいのは、もともと自分が暮らす洞窟だったんですね。別に人から依頼を受けて、人のために何かを建てたいと思ってたわけじゃないんですね。

ここで大事なことは僕がなりたいと思っていたものは、いわゆる社会で考えられている建築家ではなかったということですね。

言葉って大雑把なので、建築家というと、建物を設計する人すべてを指すわけですが、やっぱり正確じゃないわけですよ。僕は自分が暮らす面白く心地よい洞窟を作りたいだけだったわけです。でも人は建築家になると決めたら、ついつい自分がもともとやりたかったはずのことから離れて、ついつい社会の中で言われている建築家という言葉の方に近づいていってしまいます。なぜなら、その言葉、建築家という言葉が流れていると勘違いするからです。それが経済であると勘違いするんですね。

建築家になりたいと言いつつ、自分のための洞窟を作ろうとしているやつがいるとしますよね。ま、それが僕なんですけど。そうすると、建築家の訓練を受けているうちに、あれ、洞窟なんか誰も作ろうとしてないな、みたいな話になっていくんです。挙句の果てはつまんない大学の先生とかから、

「あのな、建築家って建築費の一〇パーセントが設計費なんや。つまりな、お前、洞窟なんか自分で作ってたら、稼ぎゼロやぞ。人に借金させてナンボの世界なんや建築家は、だから巨匠安藤忠雄なんかも第一作目は小さな小さな建築だったけど、今じゃ、

馬鹿みたいに無駄にドデカクなってる、なんでかって言うと、別にデザイン的にテンション上がってきて、新しい創造として、巨大なもの建てとるんじゃないわけよ。それは稼げるからってことなんやね。でっかくすればするほど稼げるってことなんや。はっきり言えばそれだけや。それはダサい世界や、でもな、稼げるんや。安藤忠雄はダサいけど稼げてるんや。それがこの建築家の世界の勝ちってことや。ダサいと稼げるどっちを取るんかお前は？　ダサいからってやらなかったらおまんま食べれんぞ、お前な建築家になりたいんやろ、建築家になって1円も稼がんって、それ経済？　馬鹿なの？」

とか言われたら、すぐ人間って、なんか上の人の言うことが正しいと思っちゃってるから、そっちになびくんですよね。

なぜなびくのかというと、何も知らないからです。自分が何も知らないということを知らないと、こういう大人の、目上の、先輩の、先生の言葉に、なびいてしまいます。そっちはあきまへん。ただのダサいでっかい建物の世界です。

そりゃお金は稼げるんでしょうね。でも、稼いでる人の顔をみてくださいな。顔色悪いですよ。黒ずんでます。目が死んでます。歩くミイラです。つまり、心が死んどるわけですわ。流れてないはずのところでお金だけが稼げるって、やっぱりおかしくてですね。なんか別の力がかかっているんですね。

そうすると、そりゃ見た目には金持ちには見えますよ。でも、経済ではないんで、楽しくはないですよね。なんで経済じゃないのに、お金が稼げるんでしょうね。時々は頭使って考えてみましょう。でも大丈夫です。顔がすべてを表しているはずです。顔が歪んできますから。流れてないですからね。楽しくないんです。怒ったりしますからよーく観察しててください。

怒った人は全員流れてないです。だって楽しくないからです。楽しくないどころか辛いんです。生きてて嫌になってます。そうなると怒ります。怒られた時には、流れてないな、と察知しましょう。そして、流れてないところは楽しくないですから、たとえお金が稼げたとしても、顔が歪んでますから、さささっと立ち去りましょう。

そういう時はどうするかっていうと、**自分が何にも知らないってことを知る**必要があります。そして、まわりも何も知らないってことを確認する必要があります。まわりも何も知らないから、建築家という三文字で大雑把に説明しちゃうわけです。どうやって確認するのか。

では、高校二年生の時の僕を例にあげて考えてみましょう。

すみませんね、脱線ばっかりで、もう一回、戻ってきましたよ。高校生の僕に。でもいいんです。無駄なことは何一つありません。脱線しても何度でも戻ってくればいいんです。戻ってきた時にはまた別の景色になってるはずです。経験だけがあなたの守り神ですよ。それ以外には神様はいません。何事も経験なんです。

さて、高校生の僕です。二年生です。一七歳です。夢は建築家です。

でも建築家のことはよく知りません。高校の先生に将来どうなりたいのか聞かれる前に、東大に行けと言われました。ほんとデリカシーがないっていうのか、お前の世界だけで物事考えないでよ、と思いましたけど、そんな急に言い返すのもあれなんで、怒ったってなんもいいことはありませんからね、流れなくなるだけです、せっかく流れはきているので、建築家になろうとしているわけですから、流れ自体は止めずに進めましょう。

「ほうほう、なるほど、東大っていやあ、一番頭がいい奴がいく大学ですね」

「そうだよ、うちは三〇人は東大に行くんだよ。お前は三八番。つまり、もうちょっと頑張れば東大に行けるんだから、一浪東大を目指しなさい」

「ほうほう、三八番だから、三〇番になるまで勉強を頑張って東大に入れってことですな」

「そうだ、それができるんだよ君は素晴らしいと思わないかい」

「で、僕は建築家になりたくてですね」

「あ、そうなのか、知らんかった」

「だから、東大で教えている建築家ってどんな先生がいるのかと思いまして」

「へえ」

「あの、先生、どんな建築家が教えてるか知ってますか？」

「ん？　建築家？　知らんな」

「ほうほう、先生は東大でどんな先生が教えているのか知らないってことですね」

「そうだな、うん、俺は知らん」

「ほうほう」

「なんだ坂口、そのほうほうっていうのは」

「あ、失礼、いや、なんでもございません。それでは私はこの辺で」

「で、志望校はどうするんだ？」

「ま、とりあえず今のうちは決めてもどうせ変わると思うので、先生が東大にしたいと思うのならば、東大と書いといてください」

「ずいぶん適当だな」

「ほうほう。東大で誰が教えてるか知らずに東大に行けとおっしゃる先生が、適当だとおっしゃるのなら、きっと僕は適当なのかもしれません。適当すぎてはまずいので、ここは一つ、東大で誰が教えているかを聞いてきます」

「誰に聞くんだ？」

「図書館に行けばいいんですよ。図書館は死んだ人の言葉だから嘘つかないっておじいちゃんに教わったので」

「あ、そっか……」


高校の先生はこんな感じです。

僕が通っていた高校は熊本では一番と言われているところで、僕がそんな学校に行ったから悪いのですが、進路指導の先生たちはぶっちゃけ、東大に何人入るか、京大に何人入るか、医学部に何人受かるかしか考えてません。塾の先生と変わりありません。

別に公立の高校だから、東大に何人入ろうが、稼ぎには変わらないはずなのですが、なんだかすごく拘ってます。というわけで、高校生ってのはたいていが馬鹿ですから、先生に言われた通り親が言う通りに、頭がよければ東大に医学部にというふうに志望校を決めていきます。

しかし、同級生の誰に聞いても、その大学に行って、どういうことをするのかっていうことには、思考が到達していないように見えました。

これは変です。ゴールを設定しないとうまく達成できないということを僕は幼少の時から感じましたから、とにかく詳細はゴール設定が必要なわけですが、高校の世界にいては、その詳細な調査がまったくできないわけです。

大学名しか問題ではないわけです。もはや学部学科なんかどうでも良くて、それぞれの偏差値とかいう、偏った判断基準で、理系から文系に乗り換えただの、慶應に入りたいから学科はいくつも受けることにしてるだの、もはや狂気の沙汰と僕には見えましたが、そういったことが平然と行われていました。

どう考えても人に優しくないやつが医学部を目指したりしているのです。絶対に将来、病院に行ったらこりゃまずいなとも思いました。僕のまわりで医学部を目指しているやつでまともな人間はほとんどいませんでした。でもそいつらの親父が医者だったから、どうやら医学部に入らなくちゃいけないらしいのです。でも、まともな教育は受けていないように見えました。なんというか自分本位な奴が多いように見受けられたのです。

もちろん、これは一七歳の僕による観察ですから、誤解も多かったと思いますが、僕は自分が通っていた高校が本当に心底嫌いでした。なんというか、大学のことばかり考えてまじで頭悪すぎるだろと思ってました。ということで、僕は受験をやめることにしたのです。

なんというか、そいつらと一緒の空気吸って、同じ目標とかもったらやばいなと直感したわけです。さっきの経済が発生してないのに、お金が稼げる建築家の世界みたいなもんです。なんかおかしいんです。流れてはないんです。でもみんなが当然のように流れていっている。

危ない兆候です。

危険を感じたら、まずは逃げろ。

君子危うきに近寄らず、ってことです。皮肉なことに僕が通っていた高校の教訓みたいな鬱陶しいものが掲げてありまして、それが「士君子」なのです。君子たれと言っているのです。皮肉ですかね。みんな馬鹿みたいに大学名だけで将来を選んでいてですよ、東大の何がすごいのでしょうか。本当にみんな馬鹿なんでしょうか。誰がいるのかも知らないんですよ先生たちは。僕は本物の馬鹿たちなのだこの人たちはと断定しました。

もちろん人間的には興味深い人もいました。でも、人がいいからと言って、間違ったことを一七歳の高校生たちに伝えてもいいのでしょうか。答えはノーです。いけないことはいけないと伝えるしかないのですが、当の高校生たちもどこの大学に入るかしか考えていないんです。

だから僕が諭したところで、高校生たちから「僕は東大に行きたいのに、なんで邪魔するんだよ、なんの意味があるんだよ」とか言われて終わりです。人に注意しても仕方がありません。文句を言っても仕方がありません。

やることは一つ、**自分で自分を救う**ということだけです。まずはそこから、そして、そのことを人々の前で示すしかありません。ということで、僕はまずは受験戦争に参加することをやめたのです。

＊

ではどうすればいいのでしょうか。

そこでおじいちゃんの遺言をもとに、僕は図書館に向かうことにしました。熊本市中央図書館です。建築コーナーを見てみましょう。いろいろと本がありますが、誰の本を読めばいいのかわかりません。

棚の一番下の大きな冊子に目が行きました。それは建築雑誌でした。建築家たちが作った作品がたくさん掲載されてました。なるほど、建築雑誌を見れば、その年に活動していた建築家たちの作品を知ることができるようです。

僕は自分で、建築家が何をしているのか知らずに建築家になろうとしていることにびっくりしつつ、迂闊だったと改めました。ちゃんと知らないとね。

というわけで、一九九五年のことです。僕は一人で一九九五年の建築雑誌から毎月遡って作品を見ていくことにしたんです。オウム真理教が起こした地下鉄サリン事件、阪神大震災などいろんなことが起きてました。でも僕としては熊本でしたから、遠い国の話のようにも感じてました。

建築雑誌の中にあった建築物はどれもキラキラしてました。当然ですが新築っぽく、お洒落っぽく、なんかかっこいいっぽい、感じで、つまり、僕としてはどれも嘘っぽく見えてしまってました。なんだよ建築家と言いながら、ただのデザイナーみたいな感じじゃないか、流行っぽいデザインでなんか誤魔化しているだけだ、僕は昔から批評眼だけは優れていたというか、いやそれは言い過ぎですね、たぶんなめたガキだったわけです。でもひねくれてたわけじゃないです。ナメてはいましたが、でも正直な感想でした。なんも面白くなかったです。その二五年前に見たものをなんとなく今も記憶してますが、確かにそのうちの一つも歴史には残ってません。すべて流行が過ぎ去るとともに建築の経年変化とともに劣化し、消滅してます。

その中でいきなり一九九五年六月号に、とんでもない建築が掲載されていたんです。作品の名前は『ドラキュラの家』。タイトルもとんでもないです。しかも建築の写真が掲載されていたんですが、窓がどこにもないんです。それだけでなく、壁も工場で使われるような殺風景なもの、しかも玄関がシャッターでした。ただの工場、というか、それは地下鉄サリン事件後によく見るようになった、あのサティアンにそっくりでした。なんだこの建築は。僕は即座に釘付けにされました。

早い反応です。早さ。なんだか受験勉強のことばかり考えてたので、忘れてた感覚でもありました。そして、受験をやめた僕にとってこの早さは福音のように体を温めてくれました。火がついたんです。

住んでいるのは男性二人のカップル。男性二人でしかもカップルって……。住んでいる人のことをここまで書いているのもこの建築が初めてでした。なんで建築雑誌って生活感がないんだよ、と思っていたところに、この建築写真は中にビニールハウスを作って、寒さを凌いでいるだの、天井に十字架みたいな天窓がついていたり、内装も完全に工場で、しかも、よく店舗設計とかであるような工場風のおしゃれ建築とかではなく、ただの工場で、二人は夜型の人間で、まったく光が必要がないから窓がないとか、もう建築雑誌にこんな家が掲載されていいのかと僕は湧き水を飲むように読みました。

そこで書いている、建築家自身の文章もまたすごくて、衝撃、ボブ・ディランを初めて知ったときのような衝撃を、つまりカッコ良すぎると思ったわけです、一七歳の僕は。

生まれて初めての経験だったかもしれません。存命中というか、今生きている日本の中で、この人と会いたいと即座に思った人物はこれまで一人もいなかったからです。みんな流れてませんでした、それなのに調子に乗ったり、頭いい奴みたいに演じてホラばっかり吹いてたり、とにかく全員かっこ悪かった、楽しくありませんでした。だから、僕は図書館で死んだ人ばかり探してました。

でもですよ、見つけたんです。僕はすぐにその建築と文章を生み出した人の名前を調べました。

石山修武。これでオサムって読むらしいです。なんかいい名前です。

で、経歴のところを調べたら、早稲田大学理工学部建築学科教授って書いてあったんです。

あ、俺、この人に会えばいいんだ。この人に教わるんだ。この人が教えている大学に行くんだ。

すぐに僕は決めました。詳細なゴールが設定されたんです。詳細も詳細です。一人の人間を見つけたんですから。それ以外のゴールがないんです。

人名さえ判明すれば後は簡単です。図書館で石山修武と検索をかけて、図書館にあるすべての石山先生の本を借りて帰ってきました。

文章もはっきりしてました。清々しい文章。素直な文章。のちに書くことになる僕の文章の一つの源流がこの石山先生の文章だと思います。流れてます。

みんな細かい買い物をするときは、部品が一ついくらかを確認するのに、なんで住宅を買うときだけはまったく部品ごとに見積もりを取らないんだ、なんで塊で3000万円とか5000万円とか言われて、平気な顔で、考えもせずに買うのか、もしかしてお前らは馬鹿なのか？って書いてました。

びっくりしました。

当たり前のことが当たり前のように心地よく書いてあり、僕が疑問に思っていることがなぜか僕から質問を聞いたように、そのままその人の声で答えてあったからです。これが流れです。流れてますね。経済が発生しているんです。もちろん楽しかったです。共同体が発生してましたよ。まさにこれぞ経済。僕は決めました。僕はこの人に会う。早稲田大学の建築学科に行く。

そして興味深いことに気づけました。

出会う先生を見つけたら、なんと大学に受からなくていいんです。

だって、そこにその先生がいるってわかりますから、このお金の学校だって二〇〇〇〇人以上の聴講生がいるんです。つまり、僕も上京だけして、後は早稲田大学に勝手に潜り込んで、先生の授業だけを受けたらいいんです。なんなら研究室にも出入りして、なんなら先生が設計している建築の現場にも入らせてもらえればいいはずです。

図々しいですが、それでもいいじゃないですか。学びたい人が見つかったんですから。人生で初めてのことです。記念すべきことです。

僕は家の中で興奮してました。そして、両親に伝えました。やったよ！　僕はもう会う人を見つけたんだよ！　もう大学受験なんかどうでもいいものに囚われなくても済むんだよ。僕は奴隷から解放されたんだよ！

僕は馬鹿でした。そんなことを両親に伝えてしまったわけです。お前馬鹿野郎ですよ。何考えてるのと母親から怒られました。あ、怒りです。流れてません。このままでは僕に起きているこの流れすらも堰き止められてしよいます。これはまずいです。さっきと一緒です。決して言い返してはいけません。言い返すと向こうの停滞の世界に巻き込まれてしまいます。だからそういうときはこうです。

「そうだよね！　あ～びっくりした～。ついつい興奮してそう口走ったけど、やっぱ受験だよね！　センター試験だよね！　やっぱ東大だよね！　そして、あれだよね、母ちゃんって俺に医者になって欲しいんだよね！　やっぱドクターだよね！　人を助けたいからドクター、ではなく、金が稼げるから生活が安心だからドクターだよね！

アルファロメオドクター！　ポルシェドクターだよね！　ドクター！　私はあなたたちの息子としてドクターになります！　建築家になりたかったのに、頭が良すぎて、金が稼げるドクター世界に行くために東大医学部にいっちゃいます！」

そう言って、僕は両親とそれぞれ硬く握手をして、自分の部屋に戻りました。危ない危ない。これがバレてはいけないのです。うまく受験勉強をせずに、何にもせず、一切の勉強をせず、それで受験も一応やりつつ、どうせ、0点で終わらせて、それで浪人してるふりで上京して、早稲田に潜り込んで、石山先生に挨拶にいこう。

そう決めた高校二年生の秋頃でした。

いつになく清々しく晴々として、心地良かったです。やっぱりこれは経済だ、と僕は確信しました。1円も稼いでないのにね。僕が感じていたのは、やっぱり流れだったわけです。

そんなわけで僕は受験勉強をしなくてよくなりました。裏技を見つけたら、とても気が楽になりまして、不安もゼロになりました。三年生になっても余裕です。しかし、勉強しないのだから、どんどん順位が落ちて行きました。

不安に感じたのは先生です。志望校のところには、東大も医学部もなくなり、僕は早稲田理工学部建築学科としか書かなくなりました。偏差値的には八〇オーバーの難関です。馬鹿は合格しません。というわけでどんどん順位下がってましたので、最終的には判定もEとかそんな最低な感じでした。絶対に受からないってやつです。

でも僕は心地よく過ごしてました。だって、受からなくても、その人は早稲田大学にいるからです。簡単なことです。みんなも見習って欲しいです。馬鹿みたいにどうでもいい大学に何浪も受験するとか狂気の沙汰です。それよりも会いたい人を見つけることこそが経済です。流れ出しますよ。なんと言っても、その後、僕は奇跡の展開に巻き込まれていくのですから。

＊

ある日、僕の担任であり、進路指導の熱血先生から呼び出されました。

「あのな、坂口、悔しいことなんだが……」

「どうしたんですか、そんな悔しがって」

「あのな」

「はい」

「お前な早稲田大学理工学部建築学科に行きたいって言ってたろ、俺東大行けって言ったのに」

「そうですね。みんな国立ばっかり狙ってる時に、なぜか私立一本です」

「そんな早稲田に行きたいんか」

「はい。そこに石山修武って先生がいて、その人の建築に感動したんですよ。この人に会いたい学びたいって思って。大丈夫ですよ、ちゃんと受験もしますから、判定はEだけど、きっと俺奇跡の子なんで、きっと奇跡が起きて合格しますよ。勉強してないようにしか見えないかもしれませんが、早稲田の建築に受かるためだけの勉強をしているから、こういった模擬試験みたいなものではうまく結果が出ないんですよ。でも早稲田の建築には受かるようにセッティングしてるんで大丈夫っす」

「このまんまじゃ絶対に受からないよ、どうするんだよ」

「大丈夫、きっとうまくいくよ」

「なんだよ、突然、友達じゃないんだぞ」

「あ、すみません。いつも自分にこうやって言い聞かせてるんで、つい」

「そんなおまじないするより勉強しろ」

「ま、そうですけど、おまじないの方が効果一〇〇倍っすよ。勉強していいこと一個もなかったです」

「本当お前はいつもヘラヘラして」

「笑う門には福来たる」

「いいようにばっかり考えて、不安に対応するってこともしないといかんぞ」

「はい！」

「返事だけはいつも短く大きくていいよな」

「声出してたらなんとか生き延びれるっておじいちゃんに教わりました」

「うーーー」

「どうしたんですか先生」

「悔しい……」

「何が悔しいんですか？　それなりに先生に従順なふりしているつもりなんですけど」

「くそ……」

「なんかむかつくことしました俺？」

「あのなあ……」

「はい」

「お前、早稲田大学理工学部建築学科だったよなあ」

「そうです。そこに石山修武っていう先生がいて、最高なんで会いにいくんです。ゴールを決めるとうまくいくって人生歩んできたんで、ゴールを詳細に決めたんです。東大落ちたから早稲田みたいな選び方じゃ間違うんですよ。ちゃんと会いたい先生見つけたら、自動的にそこに行けるんです。そうなってるんですよ人生って」

「なんでお前が俺に人生語ってるんだよ」

「あ、すみません」

「でもな」

「はい」

「お前のいう通りだ」

「え？」

「あのな」

「はい」

「うちの高校はな、毎年、早稲田大学理工学部の指定校推薦ってのがあるんだよ。理工学部といっても、一〇以上学部があって、毎年順々に変わってるわけだが」

「へえ、そんなシステム知りませんでした。推薦なんかしてもらえないような人間ですから。なんか恩着せられるみたいでめんどくさいし」

「うるさいよ、それでな、今年が建築学科なんだよ」

「でもそれってなんだよ」

「へえ、ってなんだよ」

「でもそれって俺資格ないでしょ。俺三年になってから成績最悪だし」

「ところがな、この指定校推薦ってのが、三年の成績がまったく関係なくてな、一、二年の成績が評定になるんだよ」

「へえ、それじゃ俺、4・5とかあるんじゃないですか？」

「それがな、むかつくことにあるんだよ」

「で、他に行きたい人っているんですか？」

「みんな国立だろ？　だからいないんだよ」

「やばいっすね。それ俺が応募したらどうなるんですか？」

「お前が面接でまじで本当に馬鹿なことでもしない限り、ま、する可能性はあるが、それ以外はほぼ一〇〇パーセント合格しちゃうんだよ」

「まじっすか？」

「そうなんだよ。だから俺は悔しくて悔しくて。お前はもっと努力して、苦労もして、来年東大に行って欲しかったんだよ」

「まじっすか！　やった」

「やったじゃねえよ」

「先生なんですかその態度は（笑）、よかったねおめでとうって言えよ」

「お前は東大に行って欲しかったんだよ」

「ぜってえいかねえよ。俺は早稲田に行って石山先生に会うんだよ」

「でもよかったな、悔しいけど、お前が頑張ったからだよ。おめでとう」

「先生ありがとう！　大好きだよ」


　ということで、僕は最初に決めた通りに、早稲田大学理工学部建築学科に受験もせずに三年は一分も勉強しませんでした、余裕のよっちゃんで、合格し、石山修武先生のもとで学ぶことができるようになったんです。

　流れてませんか？　どう考えても流れてますよね。

　その流れをあの進路指導の鬼であった、僕の担任も止めることができなかったわけです。**ゴールを設定すると自動的にゴールする**ことができます。みんなが浪人する理由はゴールが決まってないからです。

　受験勉強なんかして楽しいですか？　楽しいはずがありません。つまり、すべての受験は経済ではありません。そんな経済でもないつまらないレースに参加して、落ちたら、まるで自分に才能がないみたいな感じで言われて、何が楽しいんですか？　楽しくないことは決してやってはいけません。それが経済の掟です。流れが止まるからです。お金が稼げなくなるんです。だから受験はせずに先へ進みましょう。

やり方は簡単です。まずは夢を設定する。

なんでもいいんです。まあ、なんとなくあなたがやりたいことに近い職業を見つけてください。ここら辺は適当に。あんまり真剣にやりすぎると失敗します。なぜなら夢と職業はどうせずれ込むからです。ここでこだわると、つっかえます。なんにせよ、引っ掛かり、突っかかり、は要注意です。流れないからです。流れている状態だけがあなたを次の段階へ連れて行きます。

だから今からやってみましょう。自分の数年後の自分を心地よくイメージしてください。とにかく心地よく楽しい自分ですよ。辛そうな自分……やめときましょう。そんなふうにして仕事してもいいこと一つもないです。なみだ、いらないです。汗、いらないです。心地よいことしているときは汗もさらさらですぐ乾きます。

じっとりとした汗、それはやりたくない証です。やめときましょう。そんなんじゃないんですよ。努力をしていることも忘れてしまうくらい、かるーいこと、早ーいこと、心地いいこと、はい、なんか浮かびましたか？　これで浮かぶ人はある程度すでに流れてますので、もっとどんどんうまくいくと思います。

まだ浮かんでない人がいますよね。あなたたちはちょいと固いですね重いですね、真剣に考えすぎの下手な考え休むに似たりコースの方々です。やめましょう。

次に進んでください。次は将来とかどうでもいいんで、**今、一番好きなものを、挙げてください。**

なんでもいいんです。好きな食べ物、好きな映画、好きな本、好きな音楽、色々あると思います。好きなものを教えてください。見つかりましたか？ これも見つからないって人がいるんですが、それでは一体、何をして生活しているんですか？ その人はさらに別のコースに連れて行きますので、しばらく待っててくださいね。

さて、好きなものが見つかったら、簡単です。

それを作った人に会いに行ってください。それがあなたの流れているものです。

それだけであれば、好きなものですから、とりあえず、どんなことがあっても、毎日それに触れられているので大丈夫だと思います。


では好きなものもない人はどうすればいいのか。

その場合は好きなものに気付いてない可能性がありますから、好きなものとは何かということについて教えておきましょう。

好きなものとは生活の中で触れるものです。

つまり、あなたは今、生きてますよね？　死んでないですよね？　つまり生きているなら、生活をしているわけです。生活をしている中からしか好きなものは見つけることができません。ということで、生活を一日中録画しててください。

そして、そのビデオを見返してください。そのビデオの中に出てくるものの中から、自分に合いそうな職業を見つけてください。

歯磨きが好きだったら、歯科医師、歯ブラシ製造者、歯磨き粉製造者、歯の技師、みたいな感じですかね、その中で自分に合ってそうなやつを、どれか一つ選んでください。それが仮の夢です。夢はどうせ仮初です。仮のまんまでいいんです。現実とくっつけすぎると「私夢がないんです」とか、もう夢見る少女みたいな発言をしてしまいますから気をつけてください。

どうせ夢は現実ではありません。如何様にも変えられます。だから歯磨き粉製造者を選んだからって、本当に歯磨き粉だけやらなくてもいいんです。ちなみに、僕の友達は歯磨き粉製造者ですけど、なんだか楽しそうですよ。スリランカとか海外にも行ったりしてます。歯磨き粉一つで世界を変えようとしている男です。

つまりなんでもいいんです。生活で毎日触れているものなら。でもそこから大事なことは、かなり詳細に調べて、出会いたい人を一人見つけるってことです。僕は石山修武先生でした。あなたは誰でしょうか？　考えてみましょうよ。だって楽しいじゃないですか。それは**模倣する対象を見つける**ってことでもあります。もうすでにそれが経済なわけです。

＊

でも模倣を経済にするためには三つ必要でしたよね？

僕が高校生当時模倣していた三人とは一体、誰だったのか。

一人目は石山修武先生です。これはもう会うことができそうです。

もう一人は、高校生のとき、僕はネオダダという芸術集団のことを知り衝撃を受けるのですが、そのことを教えてくれたのが赤瀬川原平さんという作家であり、芸術家でした。高校生のときはもう彼の本しか読んでなかったくらいです。

そういえばそれは嘘で僕は椎名誠さんの『哀愁の町に霧が降るのだ』という本が大好きでしたね。今思い出しました。しかも作家で言えば、僕はジャック・ケルアックというビートニクの作家も好きでした。

そして、そういったことを色々考えながらも、やっぱり音楽が一番好きで、その中でも、ボブ・ディランが最初は顔が好きで、歌も少しずつ好きになりました、で、彼みたいに生きてみたいと思ってました。これが高校生の時の僕でした。

ちょっと図にしてみます。

［一七歳の僕が影響を受けていた人物相関図］

①建築家　石山修武（1 建築家　2 作家　3 画家）

②作　家

1 赤瀬川原平（1 芸術家　2 作家　3 観察家）

2 椎名誠

3 ジャック・ケルアック（1 作家　2 詩人　3 音楽家）

↑H・D・ソロー（1 畑家　2 作家　3 詩人）

↑鴨長明（1 建築家　2 音楽家　3 作家）

③音楽家　ボブ・ディラン　（1 音楽家　2 詩人　3 画家）

ちょっとわかりにくいかもしれないので、少し説明してみましょう。

まず、僕は経済を起こすために、秘密を知りましたよね、サカリオの時。つまり、**模倣を三つ集めると経済に変わる**ってことです。というわけで、この時も三人、石山修武、赤瀬川原平、ボブ・ディランという三人を見つけ出しました。

石山修武先生を本を読みながら調べていくと、彼には建築家と作家、そして画家という三つの顔があることがわかりました。おそらく彼もこの三つの模倣の法則によって経済を起こしている可能性があるわけです。

実際にただ建築を設計するだけでなく、その時に何を考えていたのか自分の考えていることをうまく伝えるために文章を書き、またその文章自体もすごく高い能力を持ってました。つまり訓練してたってことです。ぽっとでの建築家が適当に書いてみました的な文章ではなかったんです。

画家としての仕事もまた然りです。彼は図面を描いていたわけですが、その図面が全部手書きでしかも一枚の絵として成立していたのです。これにも衝撃を受けました。石山修武も三つの模倣の法則をしっかりと理解して実践していたんですね。

では赤瀬川原平さんはどうでしょう。彼もまたもともと、芸術家としての活動から始まり、それだけでなく当時の芸術運動の文章を書いたり、芥川賞を取ったり、芸術家として食えない時期を書くことで乗り切ったんですね。しかし、純文学の真ん中を恥ずかしくて歩けません。そこで今度は観察家としての能力を発達させ、老人力、トマソン、路上観察学会などを立ち上げ、ミリオンセラーまで出してます。彼もまた三つの模倣の法則で経済を発生させてました。

そして、僕はどうやらその当時から建築家と言いながら、実は本を書いて暮らしたいと思っていたようなのです。だから本、つまり、作家に関しては建築家よりも音楽家よりも関心が高かったんですね。

というわけで、僕はこの作家という分野でも一つの模倣を取り入れていたようです。赤瀬川原平さんは、なんというか細かい文章です。細かく面白い文章。だいぶざっくりしてますがそんな感じです。誰にも伝わらない細かいところに目が行きます。さらに僕は椎名誠さんの文体が好きで、どんどん読めるんです。わき水飲むみたいに。これは読みやすく面白く柔らかい文章。こんなふうに書いてもいいのかと驚きました。でもそれでもまだ足りないんですね。というわけで、ケルアックを知ります。これは早い、麻薬みたいな文章、頭の中のまんまの文章。

というわけで、僕はこれら三人の模倣ってことで、細かく面白く読みやすく頭の中のまんまの麻薬みたいな文章を書きたいと思ったらしいんです。

どうですか？　今、そうなってますか？　なってたら経済発生です。いや、もう流れていることは知っているんです。だから、そんな文章になっているはずです。だって、一七歳の時からそれをやろうとしていたんです。二五年積み上げてきてます。だからできます。ずっと枯れずに流れ続けているんです。

だから、僕はスランプというものが人生で一度もないんです。スランプとは何か、書きたくもないのに書いている状態です。だから書かなきゃいいだけです。しかし、僕は流れてますね。経済ですね。つまり、書きたいことしか書いたことがないんです。だから止まらないんです。流れ続けるんです。だからスランプがないんです。

簡単なことです。でも実践するのはぶっちゃけ難しいです。なぜなら金のために書きたくないことを書いたりしちゃうからです。多くの人は。でもみんなもお金の学校にせっかく通ったのだからもうわかりますよね。**やりたくないことはしない**。なぜなら稼げないからです。流れないから。経済ではないからです。

ということで、僕はやっぱり一七歳の時から作家になろうとしていたんですね。今知りました。びっくりです。

しかもケルアックは①寒山（中国の風狂僧、詩人）の影響を受けてます。②ジャズのチャーリー・パーカーにも、そして③『森の生活』を書いたヘンリー・デビット・ソローにも影響を受けてます。ここでびっくりなのは、石山修武の著作の中にもソローの森の生活についての話が度々出てくるんですね。こうしてジャック・ケルアックと石山修武が繋がります。

このように三つの模倣を追いかけていると、いろんな触手が見えてきて、それが他のものとどんどんつながるんです。つまり、「この道一本」みたいな生き方では流れないってことです。なんでもやると流れるんです。

これはどういうことかというと、近代が始まると資本主義世界になりますが、そうなると、人は「この道一本」化していくんですね。そうやって技術を向上させて富を増やしていけると妄想したのです。

しかし、近代以前、それこそルネッサンスの時、はダヴィンチの時代ですよね。万能人というなんでもできることがダヴィンチだけの特徴ではなく、普遍的な人間のあるべき姿として考えられていたんです。ルネッサンスとは古代ギリシアローマに回帰しようという動きですから、つまり、その時代の人たちもまた万能人、なんでもできるってのが大事だよーって考えていたんだと思います。つまり、職業とは資本主義の考え方にすぎず、この道一筋ってのは近代の思考なわけです。

でもそんなんじゃ、固まった経済、つまり、お金を稼ぐためだけの一つの経済でしかないわけです。しかも、経済は一つでは流れないんです。固まるんです。固まるとお金を持っている人だけが強くなっていくみたいになってしまうんです。

そうなると、固まっていた方が、お金を持っている人は得するわけで、どんどん流れなくなるんですね。これが著名な建築家の建築が馬鹿じゃないかと思うほど巨大化していった理由なわけです。

つまり、あれは建築ではないわけです。あれはお金でしかありません。彼らはお金を建て続けているのです。ありゃま。大丈夫かな？　とか思ってたら巨大プロジェクトのあれこれで批判される局面も出てきた。でも、これでいいんじゃないですか。叩かれたほうがいいんです。お金から弾かれた方がいい。その方が万能人としての本来の姿が出てきます。

そうした建築家の中には万能人もいます。ボクシングをしたり、勝手に人の土地に家を建てる設計を持ち主に相談もせずに実践し、その後、家に押しかけてその建築案を実現するようなアキンドもいます。彼らの今後の活躍を期待します。

一度失敗したからと言って潰してしまってはもったいないです。潰されると、汁が出てきます。これが潤滑油となるのです。これで流れるようになるのです。固まってるとつまんないです。今は面白いんです。楽しくなります。だから失敗したやつは固めようとしたから失敗したわけです。僕はいつも流れているから失敗をしないわけです。簡単なことです。お金だけの経済を信用せずに、万能人として生きれば問題はないです。みんなも安心して分裂しましょう。

で、何でしたっけ、ソローの話だ、ソローは鴨長明の影響を受けているんです。それが森の生活の元ネタです。とここでケルアックから入ってきたのに、なぜか出口は建築家の話になりました。こういう流れが僕は大好きです。一人で相関図を書いては楽しんでました。

そうです。相関図もまた楽しいんです。つまり、流れてます。つまり経済が発生する前には誰もが相関図を描いているんです。みんなも描いてみましょう。自分の相関図。楽しいですよ。なるほど・ザ・経済ってやつです。

そしてボブ・ディランです。ディランはケルアックも通過してます。もちろんソローも通過してます。ディランの絵も最高です。ディランはあらゆるものを通過して行きます。僕の基本ベースにもなってます。ディランは分裂してます。常に流れてます。二〇二〇年の新譜聴きましたか？　ヤバイですよ。まじいいです。流れてます。ノーベル賞とってても関係ありません。スランプもありません。毎日世界のどこかでライブをしてます。

何度も離婚し慰謝料がすごいなんか言われてますけど、ディランが毎日ライブをする理由はお金のためでは決してありません。流れるためです。経済を発生させ続けるためです。トルネードが起きてます。みんな吹き飛ばされてしまいます。

でもディランは台風の目の中にいます。いつもゆっくり動いているだけです。ただ作り続け、演奏し続けているだけです。いつもみんなの前にいます。でもいつもディランは人から隠れているようにも見えます。ディランは自分が経済になることが流れ続けて、トルネードを起こし、観客、メディア、噂ばかりするばかな人間たちを吹き飛ばし、それなのに、自分はいつも真ん中で演奏をし歌を歌っているのです。だからこそ二〇二〇年にも最高の作品を作りだすことができるのです。

一七歳の時に知ったこれらの素晴らしい経済人たちは、二五年経過した今、二〇二〇年四二歳の僕の目にはどう映っているでしょうか。

石山修武先生。まだご健在です。しかし、彼の作品は少し陰りが見えてます。新作は出せてません。過去作はさらに輝きを増してます。

石山先生は少し恥ずかしがり屋で、それは赤瀬川原平さんも同じです。僕はのちに初めて出版した二〇〇四年にその作品『0円ハウス』の初めてのトークで、つまり僕の初めての人前のトークで、赤瀬川原平さんと初対面し、対談することができました。その時、はっきりと原平さんが「僕は恥ずかしがり屋だから流れていかないのよ、でも坂口くんは恥ずかしがり屋じゃないからどんどんいくよね。流れてるよ」とおっしゃってくれました。

そういうこともあり、晩年の原平さんはやはり流れてませんでした。もうなくなりました。作品群はどうでしょうか。やはりその恥ずかしがり屋が邪魔しているような気がしてます。でも僕の尊敬する方です。僕は一生好きなんです。

*

椎名誠さんは鬱病、不眠症であることを告白したり、トラブルについて明かしたりしてました。そうすることでやはり恥ずかしがり屋であるところが露呈しているかもしれません。でもそんな自分の弱さを全面的に隠し切って、元気に書いた『哀愁の町に霧が降るのだ』が僕は大好きです。でも文学的な評価となるとかなり難しいかもしれません。ケルアックも晩年はかわいそうでした。

共通点はみんな恥ずかしがり屋であるということです。

人間は経済です。人間が流れると人間自体が経済になってしまいます。才能がある人間は皆そのような流れに巻き込まれていきます。しかし、自我が強すぎると、恥ずかしくなってしまうんです。

羞恥心とはつまり、自我の強さの度合いということです。恥ずかしがる人ほど自我が強いわけです。俺みたいなやつがなんで流れちゃってるんだよ、って自己批判してしまうんですね。別に人間的にはそれでもいいと思うんですよ。照れ笑いってやつがひどくなって照れて顔が歪んでいってしまうんですね。

でもそれをやりすぎると、流れなくなってしまうんです。そうすると、経済ではなく、ある人間の芸術作品ってことになるんです。もちろんそれもまた必要なことでしょう。だから僕は否定はしません。でも、その中でディランだけが二〇二〇年の今年も作品を作れてるんです。普通であれば恥ずかしがり屋になって潰れているであろうこの時代に、彼はまだ毎日ライブをして、新作を発表し、しかもその新作がとんでもなくいきのいい音楽、つまり流れているんです。

つまり、僕が次に目指す経済のあり方を実際にこの現在、この現実で実践している一人が、ボブ・ディランなのです。一七歳の気づきから変わらずディランは相変わらずトルネードを起こして、周りにいる人々を洪水の渦に飲み込み吹き飛ばしてます。これがジャスト経済です。この中で誰よりも恥ずかしがり屋なはずですが、ディランは生活の日課を徹底的に作り上げることによって、しかも一年の日課ではありません、三〇年、四〇年、五〇年、六〇年の日課なわけです。彼は一九六〇年代から活躍しているんですよ。ビートルズよりも先だったんです。

この相関図の中では残っているのはソロー、そして鴨長明です、ソローは鴨長明の模倣ですから、やはり鴨長明も残すべきなんでしょう。

つまり、現在もボブ・ディランと鴨長明は模倣してます。

では後の一人は誰でしょうか。僕は二〇一一年の原発事故の後東京から熊本に移住し、東京の経済をすべて捨て、熊本で新しく経済を発生させることにしました。

その過程で出会ったのが、石牟礼道子という作家です。もう亡くなりましたが、今でも僕の先生です。彼女からは土と動物と植物と人間と海と天がそれぞれの流れを持っている、と教わりました。つまり、これもまた経済、しかもそこで交換のために使われている通貨はお金ではなく、言葉でした。言葉による経済を生み出していたのが石牟礼道子なのです。

彼女はまたディランとも鴨長明とも違う経済の存在を僕に教えてくれました。そのおかげで僕は植物と話せるようになりました。野良猫とも話せるようになりました。しかも道子さんも作家ですから、それを言葉にすることも教えてもらいました。

そうやって人間以外の生命体と対話ができる、つまり、これは言葉が流れるってことです、つまり**言葉の経済**ってことですね、もちろん楽しく幸福を感じます。

いま、僕は畑をやってます。毎日植物と野良猫と風と空気と雲と空と話してます。虫と話してます。言葉が流れてます。声にならない言葉がいつも僕の周りでは流れてます。これを教えてくれたのが道子さんなんです。というわけで二〇二〇年版の僕の経済の三つの模倣は

①ボブ・ディラン

②鴨長明
③石牟礼道子

というわけです。これが一七歳の気づきから一五年が経過した今、僕がふるいにかけてどうにか抽出した最高の経済人三人だと思ってます。

彼らがやってきたこと、やっていること、今も残っていること、そこに次の経済の秘密が隠されているわけです。それを読み解きながら、僕は新しい経済についてのことをずっと考えているんです。

どうでしょうか？　はい、つまり、流れているんです。脈々と鎌倉時代から。僕はそれを受け継ぎ、さらにその流れの中にいるわけです。流れを引き伸ばそうとしているわけではないですよ。無理をさせてはいけません。いつも流れは好きなように楽しいように。みんなもう楽しいでしょ。こうやって僕と経済についてお金について話すことが？　これは僕が今まで教えてもらってきたことです。親に？　いえいえ。先生に？　いえいえ。僕は僕の中のご先祖というのか、僕の血に流れるものから教わってきました。

そして、そのうつつの姿として、ディランや長明、そして道子とも出会ったのです。

もう八百万の神が溢れて出てきてるんです。人間だけじゃありません、あらゆる生物、無機物、微生物たち、それらの神が今、僕の血の中を流れているんです。流れてます。

はい、これが僕の経済です。僕の経済の発生です。

僕は経済ですから、僕が発生しているんです。それが私ってことです。つまり、**経済とは「私とは何か？」ってこと**なんです。本当ですよ。それが今回の学校のほとんどの答えってことになります。私とは何かって、真剣に向き合って、時には猥談も交えながら、考えることなんです。それが経済です。

最後は自分に行き着くんです。それでいいんです。エゴイスト？　そんなわけのわからない言葉を吐かれてももう落ち込まないと思います。

自分自身をそんなものと勝手に見捨てずに、気を配ってあげてください。なおざりにしないでください。

きっとその先にその人それぞれの健康と呼ばれる前向きな力を発見することができるはずです。

健康とは探究です。もちろん試練でもあります。そうやって湧き出る健康という泉を調査してみるのです。そこからは水が流れてます。血が流れてます。いろんなものが流れてます。命もたくさん流れてます。死んでいった人も動物も植物も皆流れてます。ほら、またきましたよ。流れてますね。これが経済なんです。

つまり、**経済とはあなたの健康のこと**でもあります。健康という経済は、あなたが自分を見捨てずにちゃんと配慮することから始まります。そして、最終的に究極のあなたにとっての健康と出会うのです。つまり、それがあなたの魂でなくて、なんなのでしょうか。

僕が出会った二〇二〇年の僕の経済。

それは僕の魂ということです。

僕は流れを感じ、ここまで探索を続けてきました。そして、僕は泉と出会ったのです。それは健康でした。自分を自分で救うという行為でした。覚悟でした。そして、それがその健康が、まさに僕の経済となったのです。そして、経済とは自分の魂のことであると気づいたのです。

さて、みなさんお疲れ様でした。お金の学校もいよいよこれで最後です。

疲れたでしょう。しばらく休憩も必要です。

いつも自分に気配りをすることを忘れないでください。

大丈夫です。必ずうまくいきます。

なぜならあなたの経済、つまり、あなたの魂は、常にあなたを喜ばせるために、あなたを生かすために、幸福を感じられるように流れていくからです。

あなたもあなた自身の経済に気づいてください。あなたのお金はなんなのか。その探索をはじめるんです。

いつか必ず見つかります。魂は遠くにあるのではありません。一番近くにいます。

あなた自身です。

どんな時でもあなたはあなたから離れないでください。

あなたを見てあげてください。

優しく触ってあげてください。

自分にかける言葉を選んであげてください。

最大限の敬意を払ってください。

その払う敬意があなたのお金なんです。

そんな敬意というお金で満ち溢れたあなたという経済を作ってみてください。

きっと魂が震えて喜んでくれるでしょう。

それを幸福と呼ぶのです。

11

卒業式：祝辞

たかちゃんへの返礼

みなさん、卒業おめでとうございます。

たった一〇日間のお金の学校でした。いかがでしたか？

僕はとても楽しかったです。

僕は教壇に立って、教えるのはまったく好きではありません。だからこんなふうにして手紙による学校をやってみました。僕にとってはとても楽でした。どんどん僕の好きにできるような気がしました。はい、流れてますね。

そうです。僕は自分がこれまで得てきたことをどうにかしてみんなに伝えたいものだと思ってました。だから何度も学校を始めようとしたものです。でも教壇に立つのは嫌いですし、現行の学校も大嫌いです。

なんで、あんな枠にはめるようなことばかりするのか。そもそもなぜ先生が命令するのか、注意するのか。僕は注意されることが大嫌いです。僕も舐めて生きてはいません。僕なりに考えて行動しているんです。だから大人にさも自分が知っているような感じで注意されるのが本当に大嫌いでした。だから僕は注意したくありません。むしろ、人に禁止することを自ら禁止してます。なぜならそっちの方が流れるって知っているからです。

その人が流れたら、その人が楽しくなります。誰かが楽しくなるのを止めたくありません。誰かがうまくいってたら、どんどん褒めてあげてください。

もちろん嫉妬だってしていいんです。嫉妬も自然な感情です。でも、嫉妬してるなら、素直に口にしてみましょう。嫉妬してるのに、ダンマリを決め込んでいると、むすっとしてしまいます。相手はなんでむすっとしているのかわかりません。

だから恥ずかしいかもしれませんが、嫉妬してたら、今、すごく嫉妬してるって口に出してみましょう。そして、その後にその人が楽しんでいることを祝ってあげましょう。きっとあなたも楽しくなりますし、その人のおかげです。そして、その人も実はさ、悩みがあってさみたいな感じで心を開いてくれると思いますよ。

そんなふうにして、流れていることを、祝いましょう。

流れに境界線はありません。すべて水です。あなたのところにまで流れは到達するでしょうし、あなたを通過して、また別の誰かのところへ、もちろん、人間だけではありません。植物や動物たちにまで流れていくでしょう。

感情もまた流れていくものとして捉えてみてください。

それはあなたのものではないのかもしれませんよ。嫉妬ですらあなたの感情ではないのかもしれないのです。流れてますね。そう感じたら、どんな悪いと思っている感情だって、流してみてください。変に枠にはめないでください。あなたの個人的な嫌な感情なんだと決めつけないでください。感情だって我が子みたいに接してあげてください。自由に遊ばせてあげてください。きっと、健やかに育ってくれますよ。

というわけで、僕はいつも好き勝手にやらせてもらってます。

僕は自分が仕事をする時に自分のやりたいことを伝えます。たとえばこのように人前に立って講演をするって時に、まずは、内容はきっちり決めると窮屈になって、流れなくなるので、何にも決めないでいいですか？と。タイトルは適当につけるのが得意なので、中身と関係がないかもしれませんが、それでもなんだか楽しくなるようなものをつけることができます。と。

こうしていいですか？と自分の要求を伝えた後は、自分にはこんなことができます、とも伝えてあげるんです。そうすると相手はきっと理解してくれます。だって、誰もが流れるように事が運んで欲しいのです。

すべての人が経済を常に求めているってことです。
すべての人が楽しいことが好きなんです。
だから自分だけの要求を通せと言っているのではないんですよ。こうした方がきっとあなたも楽しくなるはずと伝えてみてください。

僕は躁鬱病でしたから、当日の体調が悪くなる可能性もあるんです。だからといって講演を一切しないのも寂しいものがあります。頼んでくれる人もそれは心配。でも、だからといって、絶対に大丈夫です、体調を整えてきますから！と言うのではなく、僕は体調が悪い時は、一切講演で話すことができませんと正直に伝えます。でも、その代わり、僕は歌おうと思ってますとも伝えます。

歌って不思議です。歌はその日の体調でもちろん歌い方が変わりますが、詩とメロディは一応、決まってますので、鬱の時でも頭を動かさないで済むんですね。だから鬱の時は、一切トークをせずに、講演と言うよりも、ライブに変更します、と伝えます。主催者はむしろ、そっちの方がいいかもなんて笑ってくれます。おかげで、僕は自分の病気を理由に断ったりしないで済むようになったんです。

＊

でも昔は違ってました。

まだ躁鬱病だとわかっていない時は、なんで、自分が調子良かったり、突然、寂しい気持ちになって悲しくなって、何を話せばいいのかわからなくなったり、まわりとどんどんすれ違って、なんだか自分だけ一人取り残されたような気分になるかわかっていませんでした。

だから大変でした。しかも躁鬱病というものは遺伝子の関わりが強い病気である可能性が高く、つまりは、僕は幼少の時から、このような寂しい感じ、取り残されたような感覚に時々襲われていたんですね。

というわけで、卒業式の今日、僕は一番最初の記憶に近いことを話そうと思います。

それは四歳くらいのことだったと記憶しています。

でもこの記憶は定かではありません。

それくらい僕の記憶は濃淡の差が激しく、覚えていることはどこまでも覚えていますが、覚えていないことはどこまでもぼんやりとしています。一定ではなく、常に揺らいでいるんですね。それは四歳の時からそうでした。僕の気分自体が常に揺らいでいました。

今考えるとそれは躁鬱病である僕の体質であるところが大きかったんだと思えます。ところが、その当時はそんなこと知りもしませんでしたし、両親に自分の違和感を説明することすらできませんでした。これは僕だけの状態なのかどうかもわかりませんでしたが、もしもみんながそうだったら、どうしてみんなは腹を抱えて笑ったりできるのか意味がわかりませんでした。

それくらい強い不安があったんです。僕は常に不安を抱えていました。しかも、それは理由のないものでした。現実では何も起きていないんです。嫌なことがあったわけでもないんです。それは根本的な不安でした。つまり、僕はなんでここで生きているのかわからなかったんです。

四歳のまわりの子供たちはそうじゃないように見えてました。

僕は福岡の団地で育ってました。だから同い年くらいの子供たちがわんさかいたんですね。みんな屈託のない笑顔を浮かべて、何が楽しいのか腹を抱えて笑ってました。テレビがあれば夢中で見て、漫画があれば夢中で読んでました。

ところが僕は、どうしてもうまく集中できない、没頭できないなと思ってました。なんだかこの現実に自分がいることが意味不明すぎて、その現実にあるものになかなか夢中になれなかったんですね。

みんなは友達とたくさん遊んでましたが、僕はなかなか馴染めなかったんです。友達だけじゃありません。家とも馴染めない感じがしました。両親とも馴染めない感じがしました。祖父母たちとも馴染めない感じがしました。でもまわりのみんなは僕のことをよく知っている人のように、気兼ねなく接しているように感じました。

僕がその人たちに思っている親密さと、向こうが僕に思っている親密さにズレがあるような気がしたんです。そのことに気づけば気づくほど距離ができてしまい、でも僕は言葉を持ってませんでしたから、なかなかその状況をうまく説明することができませんでした。

わかりません、こんなことってみんなもあったのでしょうか。

僕は人だけでなく、住んでいた団地にも、団地の周りの昔ながらの漁師町の街並みとも、そこでも強い共同体の感じや、神社が持っている時間の厚みなんかも、自分とはまったく違いすぎて、違和感、なんというか申し訳ないと言うか、僕なんかがこんな現実に暮らしていていいのか、何にも夢中になれていないのに、何にも没頭できないのに、いつもどこか不安で、いつも距離があるのに、となんとなくそんなことを感じてました。慣れたように地名や友達の下の名前を呼んでいる子供や大人たちを見て、なんかびっくりしてました。どうしてそんなふうに親密さを持つことができるのだろうかと、不可解でした。でも彼らはいたって普通にそれをやっていました。

僕は自分がずっと迷子になっているような気がしてました。しかも、誰も僕が迷子だと気づくことができないようにも感じてました。彼らは僕を団地のある新宮という町に住む一人の四歳の子供みたいに接してきてたからです。

でも、僕は実は迷子だったんです。

両親も兄弟も友達もいるのに、団地も幼稚園も両親の車カローラもあるのに、僕はなぜか迷子で、だからどんなことにも夢中になれず、没頭できず、つまり、僕は何かを好きになる、ってことができませんでした。

みなさんは僕のことを、今では好きになる名人とすら思っているところもあるかもしれません。しかし、四歳の僕は、好きとは何かがわかっていなかったのです。

親友のたかちゃんは、週刊少年ジャンプに夢中になり、花札に夢中になり、その絵柄を模写し、プラモデルが好きになり、スパルタンXをやるのが何よりも好きでした。

サッカーのスパイクが好きすぎて、日常的にスパイクをはき、あんなに気持ちの悪いヤモリを、トカゲを、まるで飼い猫みたいに飼育していました。僕は自然ともちろん距離がありました。

たかちゃんは僕にとって好きになる名人、つまり、現実と遊ぶ名人でした。

たかちゃんには、僕にあるような逡巡とか距離とか不安がないように見えていたのです。そしてたかちゃんは何も知らずに臆病になっている僕を決して馬鹿にしませんでした。そっち系は俺得意だからと、たかちゃんはなんでも教えてくれました。

しかも、知らないよね、だから教えてあげるって感じじゃなくて、僕が知らないことなんか確認せずに、まるで僕もたかちゃんみたいになんでも知っている人みたいに接してくれて、それなら何にも教えなくていいはずですが、たかちゃんは全部僕に教えてくれました。

つまり、たかちゃんは僕が現実と距離があることを知ってくれていたのです。それなのに、たかちゃんはそのことを馬鹿にせず、確認もせず、そんなこと気にせず。なぜなら楽しいから、知ると楽しいし、楽しいことを知っているから教えてあげる、みたいな気持ちでたかちゃんは僕に接してくれたんだと思います。

このお金の学校があるのはたかちゃんのおかげと言ってもいいのかもしれません。

この場で、たかちゃんにお礼を伝えたいと思います。

たかちゃんありがとう。実はたかちゃんとは音信不通なのです。

不治の病にかかって新聞配達のバイトを大学生の時にやめたというところまでしかわかっていません。僕は何度もこの団地があった場所に戻り、大人になっても聞き込みを続けているんですね。

たかちゃんにお礼を伝えたいんだけど、伝えることができません。僕がこれまで作ってきたものすべてが、僕にとってはたかちゃんへの返礼なんです。これも流れてますね。これも経済です。

僕が世間の評価などどうでもいい、金になるならないはまったく気にしないでいられるのは、僕にとっての創造は、あの現実との付き合い方を馬鹿にせず教えてくれたたかちゃんへの返礼だからです。それが価値基準なんです。あらゆるすべての物事の。これが僕の経済なんです。つまり魂です。

僕はたかちゃんによって、この世から離れてしまうのを留められたのではないかとすら思ってます。つまり、たかちゃんは命の恩人なのです。だから探し出さなくてはならないのです。たかちゃんにお礼を伝えたいのです。というかたかちゃんに会いたい。ただ会って、九歳の時に僕は父親の転勤で熊本に引っ越しをするのですが、それ以来、僕がどんなことをしてきたのかを伝えたい。それが完了するまでは僕はずっと旅をしているような、転勤で引っ越しをしているような気分です。

僕の楽しさの源流にたかちゃんがいます。

何一つ夢中になれなかった僕に現実の楽しみを教えてくれたんです。たかちゃんが教えてくれたように、僕は一人の時でもそれをやってみました。他の友達といる時、家族といる時も、たかちゃんに教えてもらったようにやってみました。すると、え、すごいじゃん、うまいじゃん、とか、言われるようになりました。たかちゃんが教えてくれたようにやるとなんでもうまくいったのです。

たかちゃんは教えることが本当に上手でした。たかちゃんの手にかかると、両手を使わずにホッピングに乗ることができました。たかちゃんは団地の外に出ることも余裕のよっちゃんだったのですが、僕は横断歩道を渡ることができませんでした。たかちゃんはこう言いました。

「信号機じゃなくて、車を見ればいいんだよ。信号が赤だからと言って止まってたらいいわけじゃなくて、青だからって何も見ずに渡ったらそっちの方が危ない。要は車を見ればいいってことよ。信号機を無視するんだ。車が走ってたら青だろうが、止まってた方がいい。でも赤でも車が通り過ぎて、いなくなれば、ほら」

たかちゃんはそう言って、赤信号の横断歩道をサッと渡ったのです。神かと思いました。そして、僕にも渡るように手招きをしたのです。

おかげで僕はいつでも車道に出ることができるようになりました。両親は今でも四歳の時、急に迷子になって気付いたら車道を渡ってプラモデル屋さんの中にいた、と驚きながら言うのですが、理由は簡単です。たかちゃんが車道の渡り方を教えてくれたからです。

そうやって、僕はたかちゃんの導きによって、少しずつ現実との解離を修正していくことができました。いつも頭にたかちゃんを思い浮かべると、たかちゃんがそれを颯爽とやりこなしている姿が目に浮かびます。引っ越しをしてからも僕はたかちゃんのイメージで、たかちゃんだったらこうするんじゃないか、とイメージをして行動をすると、とてもうまくいくことに気づきました。たかちゃんはいつも外に僕を引っ張ってくれました。

たかちゃんこそ、僕の初めての先生なのです。たかちゃんのおかげで僕は文字通り、死なずに済んだのかもしれません。

死なないように現実との付き合い方を教える。

これが僕の中の教育です。そしてそれはたかちゃんが僕に与えてくれたものでもあります。

何よりもたかちゃんは、僕に「好きとは何か？」ということを教えてくれたんだと僕は思ってます。僕には好きなものがなかったのですから。好きどころか、不安だらけで怯えていて、何もかも怖がっていたんですから。楽しめるはずがありません。好きになれるわけがないんです。

僕は車道を渡ることが怖かったんです。

でもたかちゃんのおかげで、いつしか僕は車道を渡ることが好きになったんです。

つまり、好きとは、恐怖心をもたずに物事と向き合うということで発生します。それで前向きに試してみてもし楽しかったら……

僕はその物事を好きになったと言えるのです。

つまり、僕がこのお金の学校で伝えたかったことがこれなんですね。

お金を、経済を「好きになる」ってことです。

でももうちょっとその片鱗を感じてはいませんか？　何事も流れているか、流れていないかで、見れるようになっているはずです。そして、流れているものはとにかく楽しいんだってことに気づいているはずです。楽しいんですから、恐怖心が和らいでいるんです。そうすれば、好きになるのはもうすぐそこです。

そうやって現実を、世界を、人を植物を動物を、そして、お金を見てみてください。その時、絶対に、あなたは「自分が何を好きなのか」ってことを知覚できるようになります。好きなものを見つけたら一生ものです。その好きなものがどんなに世間に叩かれ、文句を言われ、蹴飛ばされようと、あなたは好きなままでいてあげてください。あなたを生かしてくれた恩人なのですから。

世間の評価なんか屁みたいなもんです。人間に好きになる以上の力はありません。人は誰かを好きになります。何かに夢中になります。その時、その行為自体が経済となって、この大変生きづらい世界の中でのあなたが生きる時空間に、空気に、生きながらえる湧き水になるはずです。一度、見つけたら、決して手を離さないでください。

僕が生まれて初めて好きになった人がたかちゃんなんです。

たかちゃんは男の子です。でも関係ありません。異性愛とか同性愛とかそんな区別の向こう、好きとは何かの僕にとっての源流がたかちゃんなんです。たかちゃんは生きるとは何かを教えてくれた先生であり、いつも日が暮れるまで遊んでた親友であり、僕が現実からあふれて窒息死することを助けた命の恩人です。

たかちゃんだったら、僕が今いのっちの電話をやってて自殺者をゼロにしようとしていると言っても、決して笑わないでしょう。僕はたかちゃんが僕に教えてくれたように、みなさんに現実との楽しみ方、好きになり方を教えてきたつもりです。

いますぐたかちゃんにお礼を伝えたい。

でもたかちゃんはどれだけ探してもまだ見つかってません。

たかちゃんどこにいるんですか。

いつか必ず僕はたかちゃんと再会します。そう決めて、僕は生きてます。

最後にこの場を借りて、たかちゃんに心からの感謝の気持ちを贈りたいと思います。

たかちゃん、ありがとう。

涙が流れてます。またこれも流れてますね。涙もまた経済なんです。

それではみなさんそろそろ時間です。毎日、朝から熱心にがんばりました。僕はみなさんの頑張りをずっと見てきました。

大丈夫、きっとうまくいくよ。

横断歩道なんか信号なんかどうでもいいです。ちゃんと車を見てください。通り過ぎましたか？

さあ、車道を渡って、あなたのお金を探しに行くのです。

お金の学校はこれでおしまいです。

みなさんありがとうございました。

僕が生まれてはじめて好きになった人、好きとは何かを教えてくれた人、そして、僕を窮地から救い、現実で生き延びるための技術を教えてくれた命の恩人であるたかちゃんからもらった恩恵。それがこのお金の学校です。

僕なりの返礼なのです。

みなさんもここでの教えを、どうか世界のどこかで返してあげてください。

そしてまたここで再会しましょう。

その日を心待ちにしています。

みなさん、卒業おめでとう。

二〇二〇年一〇月一〇日

お金の学校校長

坂口恭平

——なお、本書は「企画書」である。

※本書は二〇二〇年一二月二五日刊行、『お金の学校』
（KyoheiSakaguchi）を改訂したものである。

坂口恭平（さかぐち・きょうへい）　1978年、熊本県生まれ。早稲田大学理工学部建築学科卒業。2004年に路上生活者の住居を撮影した写真集『0円ハウス』（リトルモア）を刊行。以降、ルポルタージュ、小説、思想書、画集、料理書など多岐にわたるジャンルの書籍、そして音楽などを発表している。2011年5月10日には、福島第一原子力発電所事故後の政府の対応に疑問を抱き、自ら新政府初代内閣総理大臣を名乗り、新政府を樹立した。躁鬱病であることを公言し、希死念慮に苦しむ人々との対話「いのっちの電話」を自らの携帯電話（090-8106-4666）で続けている。12年、路上生活者の考察に関して第2回吉阪隆正賞受賞。14年、『幻年時代』で第35回熊日出版文化賞受賞、『徘徊タクシー』が第27回三島由紀夫賞候補となる。16年に、『家族の哲学』が第57回熊日文学賞を受賞した。現在は熊本を拠点に活動。2023年に熊本市現代美術館にて個展を開催予定。最新刊に『自分の薬をつくる』『cook』（晶文社）、『Pastel』（左右社）、『苦しいときは電話して』（講談社）、『建設現場』（みすず書房）、『まとまらない人』（リトルモア）など。

お金《かね》の学《がっ》校《こう》

2021年　2月25日　初版
2023年10月10日　2刷

著　者　坂口恭平

発行者　株式会社晶文社

東京都千代田区神田神保町1-11　〒101-0051

電話　03-3518-4940（代表）・4942（編集）

URL　http://www.shobunsha.co.jp

印刷・製本　株式会社八紘美術

ISBN978-4-7949-7253-8　PRINTED IN JAPAN